NOTICE BIBLIOGRAPHIQUE

DES

OUVRAGES DE M. DE LA MENNAIS

DE LEURS RÉFUTATIONS, DE LEURS APOLOGIES

ET

DES BIOGRAPHIES DE CET ÉCRIVAIN

PAR M. J.-M. QUÉRARD.

Vous saurez ce que c'est qu'un prêtre.

AL. DE LA MENNAIS, devant les tribunaux en 1826.

Ame promise au Christ, reviens à lui, crois-moi;
Reviens et montre-nous ce que c'est qu'un bon prêtre.
Ce que c'est qu'un mauvais, tu nous l'as fait connaître
Quand tu jetas aux vents les trésors de ta foi.

UN HOMME-POTENCE.

PARIS

ÉDITEUR, RUE MAZARINE, 60 ET 62.

1849.

BIBLIOGRAPHIE

LA MENNAISIENNE

IMPRIMERIE MAULDE ET RENOU,
Rue Bailleul, 9-11.

NOTICE BIBLIOGRAPHIQUE

DES

OUVRAGES DE M. DE LA MENNAIS

DE LEURS RÉFUTATIONS, DE LEURS APOLOGIES

ET

DES BIOGRAPHIES DE CET ÉCRIVAIN.

PAR M. J.-M. QUÉRARD.

> Vous saurez ce que c'est qu'un prêtre !
> M. de LA MENNAIS, devant les tribunaux en 1826.

> Ame promise au Christ, reviens à lui, crois-moi ;
> Reviens et montre-nous ce que c'est qu'un bon prêtre :
> Ce que c'est qu'un mauvais, tu nous l'as fait connaître
> Quand tu jetas aux vents les trésors de la foi.

> UN HOMME-POTENCE.

PARIS,

L'ÉDITEUR, RUE MAZARINE, 60 ET 62.

1849

NOTICE BIBLIOGRAPHIQUE

DES OUVRAGES DE M. DE LA MENNAIS,

DE LEURS RÉFUTATIONS, DE LEURS APOLOGIES,

ET DES BIOGRAPHIES DE CET ÉCRIVAIN.

LA MENNAIS (l'abbé F. de), *nom seign.* [l'abbé Félicité Ro-
BERT (1)], dit *de La Mennais*, d'une propriété appartenant au
chef de la famille, négociant estimable de Saint-Malo, auquel des
revers firent néanmoins faire banqueroute au commencement de ce
siècle. Après ces revers, le chef de la famille quitta Saint-Malo,
fut s'établir à Rennes, dans le même département, et il se fit
alors connaître sous le nom de La Mennais, que portèrent aussi
ses deux fils et une fille. A notre époque, de tels changements
de noms ont été si fréquents qu'en vérité on aurait mauvaise grâce
à insister particulièrement sur celui qu'a pris la famille Robert,
quand M. Prat a pris le nom *de La Martine* et M. Samson celui *de
Pongerville*, Tenaille celui *de Vaulabelle*, etc., etc.; tandis que le
vaillant général Juchault de La Moricière n'a voulu prendre qu'une

---

(1) Né à St-Malo (Ille-et-Vilaine), le 19 juin 1782, ordonné prêtre en 1817.

partie du sien, ce qui le rend plus commun, mais que la propre gloire de celui qui le porte a rendu si illustre. Nous ne sommes surpris que d'une chose, c'est que les deux frères Robert, tous deux prêtres, n'aient pas suivi en cela l'exemple de deux ecclésiastiques célèbres du dix-huitième siècle, qui, pour se distinguer, prirent l'un le nom de Condillac, l'autre celui de Mably, pour ne point s'appeler MM. Bonnot, et que l'un d'eux ne se fut pas nommé de La Mennais et l'autre de La Chenaie. Nous n'avons qu'une objection à faire : c'est que tant que M. Félicité Robert a rêvé la prélature, le nom de La Mennais était plus convenable que le véritable ; mais depuis que le prélat s'est évanoui pour faire place à un chef de démagogues, M. Félicité Robert eût dû renoncer à un nom aristocratique, et arriver à la chambre des représentants, comme tel autre qui a pris par vanité la profession de portefaix : avec son véritable nom de famille.

Mais ainsi que nous l'avons dit, il ne faut pas apporter plus d'importance qu'on ne le doit à ces ridicules anoblissements, faiblesses qu'on regrette de trouver chez un esprit supérieur, mais enfin, faiblesses ou ridicules, si fréquents depuis la suppression des titres nobiliaires (1). Disons-le de suite, nous n'avons inséré le nom de M. de La Mennais dans nos « Supercheries littéraires dévoilées » bien moins pour un reproche sur un fait futile, que pour donner une liste de ses ouvrages plus complète que celle que nous avons imprimée, en 1830, dans le tome IV de « la France littéraire ». Sans ce fait, l'occasion nous échappait.

Si, en philosophie, M. de La Mennais n'a pas, à proprement parler, fondé une école, il est du moins avec le comte de Maistre, le vicomte de Bonald et quelques autres ultramontains, à la tête de ce qu'on appelle « l'École catholique », école qui a pris pour devise : Dieu et la Liberté !

Voici le jugement que porte sur M. de La Mennais, comme philosophe, un homme estimable qui s'est longtemps occupé de matières philosophiques, le baron Massias, dans son « Mouvement des idées dans les quatre derniers siècles, ou Coups de pinceau historiques » (Strasbourg, 1837, in-8 de 49 pages) : « Prêtre paradoxal, dissem-« blable à lui-même ; philosophe-théologien, combattant la raison

---

(1) Voy. l'Introduction des « *Supercheries littéraires dévoilées* », pages lxix à lxxxvj.

« par la tradition, et prouvant la tradition par la raison (1), répu-
« blicain soumettant la souveraineté du peuple à un pontife par son
« propre droit souverain. Papiste, allant à Rome proposer un duel
« mystique au Pape; traducteur de « l'Imitation de Jésus-Christ »,
« appelant les peuples à la révolte, et, pour en finir, Rousseau en
« soutane, simple, naïf, dialecticien, éloquent et sublime comme
« l'auteur des « Confessions », de la « Lettre à l'archevêque de Pa-
« ris », « d'Héloïse » et « d'Émile ».

Voici un autre jugement porté sur M. de La Mennais, dès 1825,
par un écrivain catholique (2) :

« L'abbé de La Mennais... nous paraît avoir commis, de la meilleure et de la plus pure foi du monde, des fautes et même de très
grandes fautes. Elles sont d'autant plus dangereuses qu'elles portent : elles ont à la fois le privilége du talent et surtout celui de la
vertu (nous pouvions alors dire ce mot que nous ne pouvons plus
dire aujourd'hui) ».

« Le fondement de toute sa doctrine, l'autorité universelle, est
faux ».

« Le caractère de ses discussions politiques et religieuses ne l'est
pas moins. C'est, d'une part, le désordre d'une imagination ardente
et d'un cœur flatté et superbe; et d'autre part, l'ironie, le sarcasme,
non envers les choses, mais envers les personnes sociales : armes
funestes, propres à la Philosophie, que les Pères de l'Église n'employèrent pas sans se repentir, et que Jésus-Christ et les apôtres
n'employèrent jamais ».

« M. de La Mennais ne peut guère compter comme publiciste ».

« Comme théologien, cet écrivain n'a fait que suivre deux bril-

____

(1) Il fait de *la raison universelle* le CRITÉRIUM de la certitude, ôtant à la *raison individuelle* le pouvoir et le droit de juger de la vérité. En affirmant ceci,
il émet deux grands paralogismes : d'abord il compose le *vrai* et le *faux*, puisque la *raison universelle* ne peut être composée que des *raisons individuelles;*
en second lieu, il soumet son CRITÉRIUM à un tribunal que lui-même a déclaré
incapable de vérité; dès lors, qui saura que la *raison* est *universelle*, si ce
n'est la *raison individuelle?* qui saura si et comment cette *raison universelle*
a raison, si ce n'est point la raison que Dieu a donnée à chacun de nous? Disons donc que LE PRINCIPE DE LA CERTITUDE EST DANS LA RAISON ET LA CONSCIENCE
INDIVIDUELLES FORTIFIÉES ET ÉCLAIRÉES PAR LA RAISON ET LA CONSCIENCE UNIVER-
SELLES.

(2) M. Madrolle, dans sa « Défense de l'ordre social, attaqué dans ses
fondements ». Paris, 1825, in-8.

lants modèles, Pascal et le comte de Maistre. On pourrait, nous croyons, porter le défi de citer dans ses œuvres une seule pensée qu'on ne trouvât pas dans les œuvres des deux autres ».

« Il réunit à la fois les formes originales d'un dissident, et l'allure franche d'un fidèle ».

« En somme, il nous semble plus doué d'imagination que de jugement. Son talent est de hasard plutôt que de système. Il a fait d'assez beaux Mélanges, des articles de journaux, des brochures, des pages, des Pensées décousues assez belles. Il n'a pas, selon nous, fait un bel ouvrage (1).

« L'abbé de La Mennais est une sorte de Diderot catholique; s'il continuait, nous tremblerions qu'il ne devînt l'autre (2). Sa célébrité est supérieure à son génie. S'il n'y prend garde, elle se modifiera beaucoup avec le temps. L'illustre écrivain est un enfant gâté de louanges irréfléchies et prématurées : il y a tel journal encore aujourd'hui qui semble moins le *Mémorial* de la vérité *catholique*, que celui de l'amour-propre de son idole. Si l'on trouvait que nous sommes bien hardis à juger cet homme avec autant de sévérité, nous répondrions qu'il l'a été bien davantage à juger ses propres maîtres. En l'attaquant, nous ne faisons que défendre l'autorité. C'est là l'excuse de notre hardiesse, comme c'est la cause de notre puissance. Notre jugement, tout téméraire qu'il paraisse, n'est pas de l'orgueil, mais de la soumission ».

Les faits importants de la vie de M. de La Mennais sont ses livres; jamais homme ne se montra plus complétement identique avec les

---

(1) Outre un certain nombre de réfutation du livre qui a fait la réputation de M. de La Mennais, son « Essai sur l'indifférence en matière de religion », vingt propositions des t. III et IV de cet ouvrage ont été censurées par treize évêques de France (voy. la 2e partie de cette notice, parmi les réfutations générales des ouvrages de M. de La Mennais).

(2) Les craintes de M. Madrolle ne se sont que trop réalisées. M. de La Mennais ne nous a-t-il pas successivement donné : les « Paroles d'un croyant », ouvrage que Grégoire XVI, qui l'a condamné, a jugé comme « peu considérable par son volume, mais immense par sa perversité »; le « Livre du peuple », et enfin cette feuille démagogique, intitulée le « Peuple constituant »? La société peut, certes, avoir tout à redouter des doctrines, si hardiment insurrectionnelles, que prêche depuis 1834, l'ancien Rousseau en soutane devenu Babeuf en rabat, ainsi que M. Madrolle qualifie M. de La Mennais par rapport à ces mêmes doctrines.

œuvres de sa pensée, et c'est au point que presque tout ce qu'il a
eu d'accidentel dans sa carrière se rattache à l'histoire de la publication des siennes. L'énonciation complète de tout ce qu'il a produit
est donc le moyen le plus direct et le plus simple de le faire connaître.

Malheureusement, les convictions de M. de La Mennais, comme
prêtre et comme écrivain, ont été tellement variables qu'on aura,
un jour, de la peine à croire que des opinions si opposées aient
appartenu au même personnage, tour à tour gallican sincère, libéral
catholique, c'est-à-dire ultramontain, agitateur et révolutionnaire.

M. de La Mennais a écrit quelque part : « Toute dissidence avec
« le chef visible de l'Église catholique, le représentant, le vicaire
« de Jésus, le Pape, en un mot, est un schisme coupable; toute ré-
« sistance, à son infaillible décision, est une rébellion impie ». Et
M. de La Mennais n'a pas hésité à soulever ce schisme par la publication de « l'Avenir ». Plusieurs propositions de ce journal furent non seulement désavouées mais condamnées par le Saint-Siège,
et son rédacteur principal dut faire amende honorable. Mais l'orgueilleux prêtre ne voulait point s'humilier ; et tandis que d'un côté
il sollicitait son pardon, de l'autre il préparait la plus déplorable
apostasie. Le brandon d'anarchie que lança M. de La Mennais, les
« Paroles d'un croyant » est presque de la même époque que le
pardon de Grégoire XVI.

Il y aurait un livre bien curieux à faire, en opposant aux « Paroles d'un croyant » ; les doctrines professées par M. de La Mennais dans les écrits qu'il a publiés avant 1830.

Il est digne de remarque, que dans le commencement du dix-
neuvième siècle les savants et érudits qui ont le plus fixé l'attention,
ceux dont la critique se soit le plus occupée, étaient non seulement
trois Bretons, mais encore trois hommes de la même ville (Saint-
Malo) : *Broussais*, *Châteaubriand* et *La Mennais*. Combien de fois
le système de médecine physiologique du premier n'a-t-il pas été
combattu et défendu ! Ce qu'on a écrit sur les flottantes opinions de
Châteaubriand est immense ! M. de La Mennais, par ses fréquentes
variations religieuses et politiques, devait subir un grand nombre
de critiques. Aussi ne lui en a-t-il pas manqué ! Nous avons donc
pensé qu'en présentant ici la nomenclature complète des ouvrages
de cet écrivain, il serait piquant d'y joindre un aperçu de leurs apologies et de leurs critiques, et même des biographies de l'écrivain.

I.

OUVRAGES DE M. L'ABBÉ F. DE LA MENNAIS.

I. ÉCRITS ASCÉTIQUES.

I. Guide spirituel, ou le Miroir des âmes religieuses, trad. du latin du B. *Louis de Blois* (par M. *F. de La Mennais*). Paris, Société typographique, 1809, petit in-12. — Autre édition, avec une Préface du traducteur; suivi de deux opuscules de *Sainte Thérèse* : le Chemin de la perfection, trad. par *** (*de Saint-Victor*); les Élévations d'une âme à Dieu, traduites par *E. de Genoude*, avec préface, avertissement et une Vie abrégée de la sainte. Paris, de l'impr. de Didot aîné. — A la librairie grecque-latine-allemande, 1820, in-32 avec 6 grav., 5 fr.

La dernière édition fait partie de la « Bibliothèque des dames chrétiennes ».

Ce livre, si remarquable, et pourtant si peu connu avant que M. de La Mennais en eût donné une traduction, est un des produits les plus purs de cette littérature ascétique dont l'Imitation de Jésus-Christ est le chef-d'œuvre.

II. Imitation (l') de Jésus-Christ, traduction nouvelle, avec des Réflexions à chaque chapitre. Paris, Margueritte, 1824, in-18.

Autres éditions :

Paris, rue du Paon, n° 8, 1823, in-8 avec 5 pl., 20 fr., et sur papier fin, 50 fr.

Paris, Lasneau, 1825, in-8, sur papier vélin superfin, dit cavalier, et

orné de 5 gravures, 20 fr.; grand-jésus vélin, épreuves avant la lettre (tiré
à 100), 35 fr., et même papier, sur format in-4 (tiré à 50), 65 fr.

Édition précédée de prières pendant la messe, par le P. *Sanadon*, de la
compagnie de Jésus. Paris, Lasneau, 1826, in-18, 3 fr., et sur pap. vélin,
4 fr. — Deux éditions dans la même année, l'une de 13 feuilles 8/9, l'autre
de 13 feuilles avec une gravure.

Avec les prières du P. *Sanadon*. Paris, Belin-Mandar et Devaux, 1827,
in-18 de 14 flles 8/9, 3 fr.

Paris, les mêmes, 1828, in-32 de 2 flles 7/8 avec une gravure.

VIIe édition. Paris, Belin-Mandar, 1832, in-32, fig.

VIIIe édition. Paris, Daubrée, 1836, in-32.

Autre édition. Paris, Delloye ; Lecou, 1837, in-18, 2 fr. 60 c.

—   Paris, Picard, 1839, 1841, 1842, in-18, 2 fr. 60 c.

Xe édition. Paris, Picard, 1843, in-32, 2 fr. 60 c.

XIIe édition. Paris, Furne, 1844, gr. in-8 avec 6 grav. sur acier et des
vignettes dans le texte, 12 fr. 50 c. — Édition publiée en 25 livraisons
à 50 c.

XIVe édition. Paris, Pagnerre ; Perrotin ; Furne, 1845, in-18, 2 fr. 60 c.

L'un des libraires dépositaires de M. de La Mennais, car il faut qu'on
le sache bien, M. de La Mennais est le propre éditeur de tous ses ouvrages,
sauf de l'Imitation dont il a plusieurs fois aliéné la propriété pour quelques années, l'un des libraires dépositaires de M. de La Mennais, disons-
nous, a imprimé sur son catalogue, à l'occasion de l'Imitation, la note
suivante :

« Ce livre, admiré par les plus beaux génies, attendait encore un génie
« pour le traduire. M. de La Mennais a fait disparaître la différence qui
« existait entre l'original et les traductions antérieures. Il a joint à cha-
« que chapitre des réflexions qui semblent des *post-scriptum* de l'auteur ».

Or, l'un des plus savants bibliographes de la France, A.-A. Barbier, qui
s'est occupé de recherches particulières sur les traductions de l'Imitation
de Jésus-Christ, et qui a publié le résultat de ses recherches sous le titre
de « Dissertation sur soixante traductions françaises de l'Imitation de Jésus-Christ » (Paris, 1812, in-12 et in-8), A.-A. Barbier nous apprend, dans son
Dictionnaire des ouvrages anonymes et pseudonymes, 2e édit., no 2,1865,
que les traductions de ce livre célèbre par MM. de Genoude et de La Mennais ne sont que des espèces de contrefaçons de celle du P. Lallement, jé-
suite.

Quant aux *Réflexions* dont parle le libraire dépositaire des livres de M. de
La Mennais, Préface et Réflexions avaient déjà paru, en 1820, à la tête de
la traduction de l'Imitation de Jésus-Christ par M. de Génoude, qui
forme le premier volume de la « Bibliothèque des dames chrétiennes »
(voy. plus bas le chapitre des *éditions dues à M. de La-Mennais*).

Inédite ou rebadigeonnée, cette traduction de l'Imitation de Jésus-Christ
renferme un passage traduit ou adopté alors par M. de La Mennais, qui,
plus tard, a été relevé pour être jeté à la face du prêtre devenu fougueux
démagogue. Voici en quels termes est rappelé ce passage dans un journal
de septembre 1848 (le « Canon d'alarme »).

Note à l'adresse du citoyen La Mennais. — Nous recommandons à l'ex-
rédacteur du « Peuple constituant » l'extrait suivant, emprunté à une traduction de « l'Imitation », publiée par un certain abbé de La Mennais, qui
est, je crois, de sa très intime connaissance.

« La paix, c'est l'ordre parfait; et le trouble, les dissensions, la discorde,
« la guerre, ne sont entrés dans le monde que par la violation de l'ordre
« ou par le péché. Aussi point de paix où règne le péché ; point de paix
« dans l'homme dont les pensées, les affections, les volontés, ne sont pas
« en tout conformes à l'ordre ou à la vérité et à la volonté de Dieu; point
« de paix dans la société dont les doctrines et les lois s'écartent de la loi
« et des doctrines révélées de Dieu ».

« Et quiconque, homme ou peuple, brise cette loi, et ces doctrines, ne
« fût-ce qu'en un seul point, cet homme, ce peuple rebelle à Dieu, subit à
« l'instant le châtiment de son crime ; un malaise inconnu s'empare de lui;
« je ne sais quelle force désordonnée le pousse et le repousse en tout sens,
« et nulle part il ne trouve de repos. Comme Caïn après son meurtre, il a
« peur. Non, la paix n'est en effet que pour les enfants de Dieu. « Ils la
« goûtent en eux-mêmes, et la répandent sur les autres ».

(Imit. II. 3.)

III. Danger du monde dans le premier âge. Nouvelle édition. Paris, Mlle Carié de la Charie, 1827, in-18 de 36 pag., 30 c., ou
in-64.

Nouvelle édition d'un opuscule qui a été imprimé d'abord dans le t. V
de la « Bibliothèque des dames chrétiennes » (1820) sous le titre de « Dialogue sur les dangers du monde dans le premier âge ».

Cet opuscule, augmenté de cinq chapitres nouveaux, a encore été réimprimé sous le titre suivant :

Guide (le) du premier âge.

Paris, Belin-Mandar, 1828, in-18, 2 fr.; in-24, 1 fr. 80 c.; et in-16,
1 fr. 50 c.

Paris, Pagnerre, 1844, in-32, 1 fr.

On aime à lire ce petit ouvrage, où le grand écrivain descend des hau-
tes sphères de l'intelligence pour prendre le ton de la plus ravissante
simplicité, et reproduire, dans toute leur vérité, les entretiens de l'âme
d'un enfant avec le Dieu qui l'a créée.

IV. Guide (le) du premier âge. Voy. le n° précédent.

V. Journée du chrétien. Paris, Belin-Mandar et Devaux, 1828 ,
in-16, 3 fr.; et pap. vélin, 4 fr.

« C'est un recueil précieux où M. de La Mennais a réuni les prières les
« plus touchantes que la piété chrétienne ait formulées. On y trouve aussi
« quelques inspirations où respirent le génie et la piété de l'auteur ».

Nous étions avant 1834. Aujourd'hui on parle peu de la piété de l'auteur.

M. de La Mennais est aussi l'éditeur de la « Nouvelle Journée du Chrétien, ou Moyens de se sanctifier au milieu du monde », par M. l'abbé

Letourneur, prédicateur ordinaire du roi, avec une Préface de l'éditeur.
Paris, rue des Marais Saint-Germain, n° 14, 1830, in-18 avec une fig. — Ce
petit livre a été réimprimé, à Paris, en 1840, in-32, et publié par le libraire
Picard, sous le nom de M. l'abbé F. de La Mennais, qui, ainsi qu'on vient
de le voir, n'en est que l'éditeur.

VI. Recueil de piété. Paris, Belin-Mandar et Devaux, 1828,
in-16 de 96 pag.

VII. Évangiles (les). Traduction nouvelle, avec des notes et des
réflexions à la fin de chaque chapitre. Paris, Pagnerre, 1846, in-12,
3 fr. 50 c.

Autres éditions :
Deuxième édition, illustrée de dix magnifiques gravures sur acier. Pa-
ris, Pagnerre, Perrotin, 1846, in-8, 12 fr. — Édition publiée en 20 livrai-
sons.
Troisième édition. Paris, les mêmes, 1846, in-12, 3 fr. 50 c.
M. de La Mennais a été l'éditeur de quelques autres ouvrages ascétiques.
(Voy. la dernière section de cette partie).

II. SCIENCES EN GÉNÉRAL.

VIII. Sommaire d'un système des connaissances humaines. Paris
(vers 1820), broch. in-8. (Anon.).

Non annoncé dans la « Bibliographie de la France ».
Ce travail ne se trouve reproduit que dans l'édition des Œuvres de
l'auteur. Paris, Pagnerre, 1844, 11 vol. in-18, au t. VI, pag. 241-260.

III. RELIGION ET PHILOSOPHIE.

IX. Réflexions sur l'état de l'Église en France pendant le dix-huitième siècle, et sur sa situation actuelle. Paris, Société typographique, 1808, in-8 de viij et 151 pages. — Seconde édition. Paris,
1814, in-8.

Ce premier écrit de l'auteur, publié à l'époque du couronnement de Napoléon, et à l'occasion du Concordat, révéla au monde littéraire un talent
de premier ordre, et au Catholicisme un puissant soutien de sa cause ex-
pirante. En effet, depuis que la réforme luthérienne a porté un coup mortel à l'autorité des papes, et pour parler avec franchise, à l'édifice tout
entier du Christianisme, il serait difficile de citer un homme parmi les
athlètes descendus dans l'arène en faveur des croyances de nos pères, qui
fût plus capable d'exercer une grande influence sur ses contemporains que
M. de La Mennais. Mais, tant il est vrai que rien n'est plus nécessaire que
de naître à propos ! ces mêmes efforts de talent, cette même ardeur de
zèle, et cet éclat d'une éloquence par lesquels un tel homme, s'il eût paru
au dix-huitième siècle, eût foudroyé l'hérésie naissante et restauré l'É-

glise, n'ont guère servi de nos jours qu'à le faire taxer d'ambition sans mesure et d'exagération insensée par ceux-là même qui étaient les plus intéressés à marcher dans la ligne qu'il a suivie. Ce double reproche, également injuste, devait pourtant lui être adressé, car il faut bien qu'une multitude, qui ne croit plus à la foi par la raison qu'elle en est privée, trouve dans des passions purement humaines les motifs de toute direction énergique de doctrine et de conduite.

La première édition est anonyme : elle fut saisie et supprimée par la police impériale. La seconde, avec le nom de l'auteur, est de 1814.

Selon l'abbé Manet (Biographie des Malouins célèbres, p. 245), M. Jean-Marie de La Mennais, le frère de celui-ci, aurait eu quelque part à cet ouvrage.

— Les mêmes. (IIIᵉ édit.). Suivies de « Mélanges religieux et philosophiques » (et de « Pensées diverses »). Paris, Tournachon-Molin et Seguin, 1819, in-8 de 575 pages, 6 fr.

Ce volume, ainsi composé, est considéré comme le premier recueil des « Mélanges » de l'auteur.

On a mis à des exemplaires de 1819 des titres de quatrième édition, lesquels portent pour adresse : Lesage et Méquignon-Havard, et la date de 1825.

A la tête de l'édition de 1819 de ces *Réflexions*, on trouve la courte Préface suivante :

« Les *Réflexions sur l'état de l'Église*, publiées en 1800, furent aussitôt saisies par la police de Buonaparte. On y a rien ajouté. Il y a trop à dire sur ce qui s'est passé depuis cette époque, et sur ce qui se passe encore aujourd'hui relativement à l'Église de France ».

« Le reste du recueil que l'on offre au public, se compose d'articles qui ont paru dans les journaux, et de quelques petits écrits du même genre, que la censure, du temps de sa splendeur, ne permit pas d'y insérer. On y a joint, sous le titre de *Pensées diverses*, de courtes réflexions sur différents sujets de religion et de philosophie ».

« Dans une note de la 2ᵉ édition du « Dictionnaire des ouvrages anonymes et pseudonymes » de A.-A. Barbier, et sous le nᵒ 15,914, on lit ce qui suit à l'occasion de ladite préface :

Dans la très courte Préface placée en tête de l'édition de 1821 (lisez 1819), l'auteur déclare n'avoir rien ajouté à ses *Réflexions sur l'état de l'Église*. Il devait plutôt dire qu'il en a au moins retranché *une page entière*. Voy. la page 95 de l'édition de 1808 et la page 91 de l'édition de 1821 (1819). La page retranchée est un éloge pompeux de Napoléon ».

D'un autre côté, un écrivain religieux, M. A.-M. Madrolle, pages 47-48 de son Histoire secrète du parti et de l'apostasie de M. de La Mennais... (Paris, 1834, in-8), dit que M. de La Mennais a successivement élevé et rabaissé les hommes illustres et les points fondamentaux de l'Histoire et de la Philosophie. « Bonaparte est le seul dont il ait fait, en 1808, la plus haute apologie, et qu'il persiste à exhalter encore. Il fut saint Louis au fort de sa puissance ; et c'est encore saint Louis après sa mort » : Mais l'écrivain cité, ajoute aussitôt en note : « cependant, je trouve qu'il l'appelle (Bonaparte) Moloch, à la page 358 de ses (premiers) « Mélanges ».

Nous avons été curieux de connaître l'éloge pompeux qu'en 1808 M. de La Mennais faisait de Napoléon, au moment de son couronnement. Nous avons recueilli les deux éditions citées par A.-A. Barbier des *Réflexions sur l'état de l'Église*, et, à notre grand étonnement, aux pages 95 de celle de 1808, et 91 de celle de 1819, nous n'avons trouvé ni aucune page supprimée, ni éloge d'aucun genre de Napoléon qui n'y est même pas nommé. Et voilà comment on écrit l'histoire !

Dans son écrit intitulé « Du Droit du gouvernement sur l'éducation », publié en 1817, et réimprimé dans le premier volume de ses Mélanges religieux et philosophiques, M. de La Mennais dit, en parlant de Napoléon : « Il est inouï à quel point Buonaparte nous a familiarisé avec le désordre, « à quel point il a corrompu la raison, la conscience publique. C'est la « plus grande calamité de son règne, et le plus grand crime de cet homme « si étrangement supérieur dans le crime. Il a appris aux peuples à re- « garder le mal sans frayeur et sans étonnement » ! Si aux yeux de M. Madrolle ce passage est de l'exaltation, et tant d'autres que nous pourrions citer, quelle physionomie doit donc avoir l'injure ?

Il est pourtant vrai qu'à la fin du court avertissement de l'édition de 1808 de ces *Réflexions* l'auteur crut devoir dire : « Je me suis trouvé heu- « reux, en défendant ma foi, d'avoir à établir les principes fondamen- « taux du gouvernement qu'*un grand homme* a rendu à la France pour « son bonheur ». La forme ne garantit pas le fonds, puisque l'ouvrage fut saisi.

Voici deux aphorismes tirés de cet ouvrage qui donneront une idée de l'extrême facilité avec laquelle M. de La Mennais change d'opinions.

« Alors (en 1793) se réalisèrent dans toute leur étendue les principes et « les espérances de la Philosophie. La Société sans culte, sans Dieu, sans « roi, fut libre enfin, c'est-à-dire qu'au nom de la liberté, vingt-cinq mil- « lions d'hommes gémirent dans le plus abject esclavage. Les richesses, « la naissance, les talents, les vertus, devinrent des titres de proscription. « Tout était crime, excepté le crime même, et pendant deux années la « terreur et la mort se promenèrent en silence d'un bout de la France à « l'autre ».

———

« Il y a dans l'Homme une rectitude d'esprit, une logique naturelle qui « ne lui permet pas de s'écarter à demi de la vérité. Il faut qu'il avance « dans la route où il est une fois entré ; et l'erreur n'est si dangereuse que « parce qu'on en tire nécessairement, un peu plus tôt, un peu plus tard, « toutes les conséquences ».

———

Et l'auteur de ces aphorismes a été depuis, l'auteur des « Paroles d'un croyant », du « Livre du peuple, etc., etc. », et le principal rédacteur du « Peuple constituant » !

Les écrits imprimés à la suite de l'édition de 1819, et qui constituent les premiers *Mélanges religieux et philosophiques* de l'auteur, sont :

1° Influence des doctrines philosophiques. 1815;

2° Observations sur la promesse d'enseigner les quatre articles de la Déclaration de 1682. 1818 ;

3° Sur une demande faite aux évêques par le ministère de l'intérieur. 1819 ;

4° Sur un ouvrage intitulé : De la nouvelle Église de France. 1816;

5° Dotation du clergé. 1814 ;

6° Clergé (du). 1816 ;

7° Sur un ouvrage intitulé : Réflexions sur quelques parties de notre législation civile..., par Ambr. Rendu. 1814;

8° Sur un ouvrage intitulé : Principes sur la distinction du contrat et du sacrement de mariage... 1816 ;

9° Sur l'Observation du dimanche. 1816 ;

10° Observations sur un mémoire pour le sieur Jacques Paul Roman. 1818;

11° Sur la prétention de l'autorité civile de forcer le clergé à concourir à l'inhumation... 1819;

12° Missions (des). 1819 ;

13° Sociétés bibliques (des). 1819 ;

14° Réponse à une Lettre contre l'article précédent. 1819 ;

15° Sur les Vies des justes, par M. l'abbé Carron. 1819 ;

16° Université impériale (de l'). 1814;

17° Éducation du peuple (de l'). 1818;

18° Sur les attaques dirigées contre les frères des écoles chrétiennes. 1818 ;

19° Droit (du) du Gouvernement sur l'Éducation. 1817;

20° Éducation (de l') considérée dans ses rapports avec la liberté. 1818;

21° Sur la Manifestation de l'esprit de vérité. 1819 ;

22° Sur un ouvrage intitulé : Réponse aux quatre concordats de M. de Pradt... 1819;

23° Sur un ouvrage intitulé : Exposition de la doctrine de Leibnitz sur la Religion..., par M. Emery. 1819 ;

24° Réunion (de la) des différentes communions chrétiennes. 1819 ;

25° Ouvrages ascétiques (des) ;

26° Vérité (de la) ;

27° Que le Christianisme rapproche l'Homme de Dieu ;

28° Qu'il y a une alliance naturelle entre le despotisme et les doctrines matérialistes ;

29° Nécessité (de la) d'un culte.

Ces cinq derniers morceaux paraissent avoir été imprimés pour la première fois dans ce volume.

30° Pensées diverses.

Ces *Pensées* sont au nombre de cent. Nous en extrayons la quatre-vingt-douzième pour que l'on puisse juger quelle énorme distance il y a entre le M. de La Mennais de 1819 et celui d'après 1834.

—

« Quel changement dans le monde, si l'Homme n'avait pas besoin d'ali-

« ments pour subsister ! Cette masse énorme de mouvement et de travaux
« qui ont la vie pour objet, tournant au profit des passions, nulle société ,
« nul ordre ne serait possible. Otez la peine, la misère, la faim, la soif,
« les durs labeurs, je ne vois que des crimes sur la terre. ».

X. Avec M. l'abbé *J.-M. de La Mennais*, son frère : Tradition
de l'Église sur l'institution des évêques. Par M. l'abbé L***. Paris,
Adr. Leclère, 1814, 3 vol. in-8, 18 fr.

Cet ouvrage est plus de l'abbé J.-M. de La Mennais que celui de M. F.
de La Mennais; aussi n'a-t-il point été réimprimé parmi les œuvres de ce
dernier.

XI. Influence des doctrines philosophiques sur la Société. (1815).

Réimpr. dans le premier recueil des Mélanges religieux et philosophiques de l'auteur, 1819, pages 147 à 188.

XII. Essai sur l'indifférence en matière de religion. Paris, Tournachon-Molin et Seguin; Lesage, 1817-1823, 4 vol. in-8, 28 fr.
— Défense de l'Essai sur l'indifférence, etc. Paris, Méquignon fils,
aîné, 1824; ou Paris, Belin-Mandar et Devaux, 1827, et 1829,
in-8, 6 fr.
— Les mêmes (l'Essai et sa Défense). Paris, Belin-Mandar et Devaux, 1827, 5 vol. in-12, 18 fr.

Le t. Ier de « l'Essai » a eu une huitième édition en 1825. (Les trois premières sont anonymes.) Le t. II, publié pour la première fois en 1820, a
obtenu une cinquième édition en 1823.

Chacun de ces quatre volumes a été l'objet d'un nombre, plus ou moins
grand, de réfutations et de critiques. (Voy. le chapitre des Réfutateurs,
etc.).

Autres éditions :
IXe édit. Paris, Daubrée et Cailleux, 1833, 4 vol. in-8.
(X^e édit.). Paris, Pagnerre, 1843-44, 4 vol. in-18, 14 fr.

— Ensayo sobre la indiferencia en materia de religion…, traducido de la cuarta edicion francesa por *Fr.-José-Maria Faso de la
Vega*, revista, cotedaja, y continuada sobre la octava edicion por
don *J. M.* Paris, Rosa, 1835, 6 vol. — Defensa del Ensayo sobre
la indiferencia en materia de religion, trad. por don *J. M.* Con una
Biografia de los filosofos mencionados en esta Defensa, Paris, el
mismo, 1835, 1 vol. En tout 7 vol. in-12.

Le livre qui a fondé la réputation de M. de La Mennais d'une manière
durable, le fameux « Essai sur l'indifférence en matière de religion » contient le développement de toutes ses opinions ; et c'est là qu'il faudrait en
puiser l'exposé : le premier volume de cet ouvrage parut en 1817, et pro-

duisit une sensation universelle. C'est qu'effectivement le premier volume surtout est une production sublime que Bossuet n'eût pas désavouée ; malheureusement dans les volumes suivants l'auteur a voulu établir des principes peu en harmonie avec les idées presque généralement reçues.

Cet ouvrage prend la controverse chrétienne au point où l'avaient laissée les apologistes du dernier siècle. Il la représente sous un jour nouveau et brillant ; et par l'exposition d'une doctrine sur la certitude, devenue célèbre, il essaye d'arriver à une démonstration radicale du Christianisme.

La pensée dominante de ce livre a pour objet la constatation d'un fait assez clairement indiqué par le titre, et que M. de La Mennais a lui-même exprimé quelque part avec une concision singulièrement énergique, lorsqu'il a dit : *la société n'est plus qu'un doute immense.*

Le but secondaire de l'auteur a été la proscription de ce doute et la restauration des croyances dans lesquelles, selon lui, réside uniquement le principe de vie des sociétés humaines.

« La *société est athée*, a dit M. La Mennais ; l'agrégat politique des peuples de l'Europe moderne n'est plus qu'un *cadavre*, rendons-lui la vie ». Or, comment rendre la foi ? M. de La Mennais veut y parvenir en ramenant les esprits au principe de l'autorité en matière de croyance, en rétablissant dans toute son inflexibilité la rigueur du dogme, en un mot en exigeant que cette raison individuelle de l'Homme, aujourd'hui d'autant plus rebelle qu'elle est justement fière des conquêtes d'une culture intellectuelle très avancée, s'abdique elle-même et se rejette humblement dans le sein de l'unité catholique comme dans un port assuré. « Les sens, dit-il, « le sentiment et le raisonnement, pris à part ou réunis, ne sont nulle- « ment infaillibles ; ainsi, l'homme isolé ne saurait être certain de rien ». Toute dissidence avec le chef visible de l'Église catholique, le représentant, le vicaire de Jésus-Christ, le Pape, en un mot, est un schisme coupable ; toute résistance à son infaillible décision est une rébellion impie. Dès lors la tolérance accordée à tous les cultes par notre loi politique constitutive, est une complicité d'hérésie ; dès lors encore l'Église gallicane est tout aussi bien schismatique et hérétique que l'ont été celles de Calvin et de Luther.

Nous avons dit que ce livre produisit à son apparition une sensation universelle. La méritait-il ?

Non, si l'on doit s'en rapporter au jugement qu'un écrivain catholique a émis après un sévère examen du livre de M. de La Mennais.

M. Madrolle, dans son « Histoire secrète du parti et de l'apostasie de M. de La Mennais... » (Paris, 1834, in-8, pages 46-48) nous apprend que, « en somme, « l'Essai sur l'indifférence en matière de religion », considéré « comme œuvre littéraire seulement (car nous ne la considérons pas en- « core comme œuvre théologique), n'est autre chose qu'un « Traité de la « vérité de la religion », renversé ».

« Qu'est-ce qu'un « Essai sur l'indifférence » avait demandé M. Madrolle, à la page précédente (pag. 45), lorsque jamais on n'avait plus senti le besoin d'un traité, d'une démonstration catholique, et lorsqu'au lieu d'indifférence, on ne trouve partout que violence en matière de religion (1)? Au lieu d'établir d'abord un système, qui réfute la philosophie implicitement, chassant pêle-mêle les philosophes devant lui, à mesure qu'ils se présentent, il commence par les réfuter littéralement. Il devait les dominer, il se laisse au contraire dominer par eux. J.-J. Rousseau est devenu de cette façon, le maître du premier volume de « l'Essai » L'auteur était si loin de connaître son sujet avant de le traiter, qu'il pensait d'abord à le renfermer en deux volumes (2); et voilà qu'il se trouve forcé d'en publier un troisième, et puis un quatrième et un cinquième, etc., etc.; la Philosophie, en elle-même si simple, s'étend sous sa plume, et se complique sous son intelligence. — Comme il voit partout son sujet, il ne le trouve nulle part. »

« Tout ce qu'il y a de vrai dans « l'Essai sur l'indifférence en matière de religion », avait été mille fois dit avant M. de La Mennais et mieux que par lui, même par ses contemporains. Ses meilleures pensées sont prises, quelquefois copiées et décolorées, de M. de Maistre, de M. de Bonald, et même de M. de Châteaubriand (3). Il n'est pas, jusqu'à, son titre « d'Indifférence en matière de religion », qu'il n'ait emprunté, et encore à des protestants (4) ».

« Le désordre de l'esprit, étant plus qu'on ne le pense une erreur, appelle l'ignorance et l'erreur avec lui. Quand je parle d'ignorance, c'est de la savante que je veux dire; et celle-là, est peut-être la plus universelle et la plus funeste. M. de La Mennais a plus étudié les langues que l'Histoire, plus la Philosophie que la Théologie (5), plus les livres et même les hommes profanes, que les hommes et les livres saints ».

De là une stérile manie de citer un long texte anglais, allemand et même grec, plutôt qu'un latin ou un français; de copier de nombreuses pages de Rousseau et de Pascal (6); de là des méprises sur les faits et sur le sens des auteurs par lui cités (7).

---

(1) Cette observation a été faite par M. de Montlosier lui-même, dans sa *Dénonciation* fameuse, pag. 95.

(2) Voyez l'Avertissement du premier volume.

(3) Il a pris à ce dernier le chapitre X de son premier volume sur l'*Importance de la Religion par rapport à la Société, etc.*; et il existe d'assez bonnes preuves que le premier volume tout entier, en ce qu'il a de bon, est autant de M. Teissère, trop tôt ravi aux Sulpiciens, que de lui.

(4) Voyez le « Traité contre l'indifférence des religions », de Pictet, 1612; et « l'Indifférence inexcusable en fait de religion », de l'évêque anglais Squire, 1748.

(5) La « Tradition de l'Église sur l'institution des évêques », 1814, 3 vol. in-8, est presque tout entière de son frère.

(6) Dans le premier volume, il cite jusqu'à dix pages consécutives des « Pensées de Pascal », qui sont pourtant assez communes, ou du moins assez connues.

(7) A cet égard, il a été relevé en partie par M. l'abbé Flottes dans diverses

« De là l'histoire de ses contradictions, ou, si l'on veut, de ses variations sur les hommes et les points fondamentaux de l'Histoire et de la Philosophie. Il a successivement élevé et rabaissé, par exemple, Bossuet et Louis XIV (1), M. de Bonald, M. Frayssinous (2), les jésuites et les jansénistes (3), et, comme nous le verrons, les déclarations gallicanes, l'indépendance de l'Église et ses concordats ».

« De là enfin, pour tout dire dans une observation unique, ses détractations successives de la philosophie libérale et de la philosophie religieuse, de la révolte et de l'obéissance, du système individuel et du système d'autorité, et, pour parler comme son école dernière, de la *liberté* et de *Dieu* ».

« Voulez-vous apprécier la logique de l'écrivain dans la conception même de son grand ouvrage ? Vous la verrez plus vicieuse encore. Il divise, ainsi qu'on sait, les indifférents qu'il veut attaquer en trois classes : les indifférents (voyez la seule table des chapitres), qui ne croient la religion nécessaire que pour le peuple ; les indifférents, qui ne reconnaissent de religion incontestablement vraie que la religion naturelle où ils sont nés ; et enfin les indifférents, qui admettent une religion révélée, de manière néanmoins qu'il soit permis d'en rejeter certaines vérités. Et cependant ces trois hypothèses, qui sont les trois fondements de l'ouvrage, sont trois chimères : car 1º nul homme n'a jamais dit sérieusement que la religion était nécessaire, au peuple seulement, sans la regarder comme nécessaire à lui-même ; 2º nul homme n'a jamais regardé comme

---

brochures. Les derniers efforts de l'érudition de l'écrivain ne sont pas plus heureux que les premiers. Il cite à l'appui de son système de la souveraineté du peuple, dans sa *Réponse* au P. Ventura, des textes courts ou isolés de saint Thomas, de Suarès, de Liguori, de Fénelon, et même de Bossuet, qui ne disent pas même ce qu'il leur fait dire, et qui, les deux derniers, ont foudroyé, *ex professo*, son système tout entier, dans leurs écrits recueillis par le célèbre Emery, sous le titre de « Principes de Bossuet et de Fénelon sur la souveraineté ».

(1) « On fut redevable à deux prélats illustres, à deux grands hommes, Bossuet et Fénelon, de l'intervalle de calme qui se prolongea jusqu'à la mort de Louis XIV ». (*Réflexions sur l'état de l'Église*, 1819, pâg. 15, et encore pag. 125.)

(2) Il avait appelé M. de Bonald, qu'il a depuis ravalé si fort, « le plus profond philosophe que la France ait eu depuis Malebranche ». Il a écrit de M. Frayssinous dans le « Conservateur », qu'il rendait la vérité vivante, et il le compare à Luther dans des brochures.

(3) « L'ordre tout entier des jésuites, dit-il dans un de ses ouvrages, ne fut qu'un grand dévouement à l'Humanité et à la Religion. Qui pourrait compter tous leurs bienfaits ? Qui les a remplacés dans nos chaires ? Qui les remplacera dans nos collèges ?.... Et plus de douze pages employées à développer cet éloge ! » — Et ensuite : « Le jansénisme, enfant honteux de la Réforme, en vain désavoue sa mère, etc. »

incontestablement vraie une religion, par cela seul qu'il y est né ; 3° et enfin nul homme non plus ne fut jamais assez contradictoire, d'une part, pour admettre une religion révélée, et de l'autre pour rayer une partie de ce qu'elle enseigne. A la seule vue du plan de « l'Essai sur l'indifférence », il faut dire que l'écrivain n'entendait rien à son sujet : il n'a pas même fait un *essai*. Il voulait élever un monument ; et il n'a pas su poser la première pierre ! Il a fait comme je ne sais quel philosophe indien, qui supposait le monde sur une tortue, et la tortue sur le vide (1) ».

Nous placerons ici un quatrième aphorisme (voy. les n°' II et IX), oublié depuis par M. de La Mennais, tiré du livre en question, pour établir que les opinions de l'auteur des « Paroles d'un croyant » et du rédacteur du « Peuple constituant » n'ont pas été constamment celles d'un vrai sage.

—

« Les peuples ont aussi leur volonté, leur intérêt, leur orgueil plus ter-
« rible que celui d'aucun tyran. De là, une haine secrète contre le pou-
« voir qui les gêne et les humilie, haine qui s'étend du pouvoir à tous les
« agents du pouvoir, à toutes les institutions, à toutes les lois, à toutes les
« distinctions sociales ; et si on leur laisse un moment sentir leur force,
« ils en abuseront pour tout détruire, et courront à l'anarchie en croyant
« marcher à la liberté ».

XIII. Vérité (de la).

Réimprimé dans le premier recueil des « Mélanges religieux et philo-sophiques » de l'auteur, 1819, aux pages 519-26.

XIV. Que le Christianisme rapproche l'Homme de Dieu, et que la Philosophie l'en sépare.

Réimprimé dans le premier recueil des « Mélanges religieux et philoso-phiques » de l'auteur, 1819, aux pages 527-29.

XV. Qu'il y a une alliance naturelle entre le despotisme et les doctrines matérialistes.

Réimprimé dans le premier recueil des « Mélanges religieux et philo-sophiques » de l'auteur, 1819, aux pages 530-52.

XVI. Mélanges religieux et philosophiques. (Premier recueil.) 1819. Voy. le n° IX.

XVII. Pensées diverses. 1819.

Imprimées dans le premier recueil des « Mélanges religieux et philoso-phiques » de l'auteur, 1819, aux pages 558-75, et encore dans les « Nou-veaux (seconds) Mélanges », 1826.

---

(1) Nous avons dit précédemment que vingt propositions des t. III et IV de « l'Essai » ont été censurées par les supérieurs de M. de La Mennais.

XVIII. Sur le suicide (1819).

Réimprimé dans les « Nouveaux (seconds) Mélanges » de l'auteur, 1826.

XIX. Sur la prière (1820).

Imprimé d'abord à la tête du Paroissien complet faisant partie de la « Bibliothèque des dames chrétiennes » et réimprimé dans les « Nouveaux (seconds) Mélanges » de l'auteur, 1826.

XX. Orgueil (de l') dans notre siècle. (1820).

Réimprimé dans les « Nouveaux (seconds) Mélanges » de l'auteur, 1826.

XXI. Sur les causes de la haine qu'inspire à certains hommes la religion catholique. (1820).

Réimprimé dans les « Nouveaux (seconds) Mélanges » de l'auteur, 1826.

XXII. Réponse à un protestant (sur une objection contre la présence réelle qui l'empêchait encore de regarder l'Église romaine comme dépositaire exclusive de la vérité). (1821).

Réimprimée dans les « Nouveaux (seconds) Mélanges » de l'auteur, 1826.

XXIII. Défense de l'Essai sur l'indifférence en matière de religion, etc. Paris, Méquignon fils aîné, 1821 ; ou Paris, Belin-Mandar et Devaux, 1827, et 1829, in-8, 6 fr.

Voy. le n° XII.

XXIV. Mélanges (nouv.). Tome I. Paris, Lasneau, 1826, in-8, 7 fr.

Réimprimés en 1835 sous le titre de *Seconds Mélanges*. Deuxième édition. Paris, Daubrée et Cailleux, in-8, 5 fr.

Les premiers Mélanges sont formés du volume publié, en 1819, sous le titre de *Réflexions sur l'état de l'Église en France...* » (voy. le n° IX).

Ces *Nouveaux Mélanges* renferment les morceaux suivants :

1° Sur la foi (morceau en partie traduit de l'allemand) ;

2° Sur la prière ;

3° Sur les Pères de l'Église ;

4° Sur les Confessions de saint Augustin ;

5° Sur la Journée du chrétien ;

Ces quatre derniers morceaux sont extraits de la « Bibliothèque des dames chrétiennes », où ils servent de préfaces au Paroissien complet, à la Doctrine tirée des Pères, aux Confessions de saint Augustin, et à la Journée du chrétien.

---

(1) Nous ne pouvons indiquer où les opuscules cités en *italiques* ont paru primitivement, ni les dates de leurs premières publications.

6° De la Réunion des différentes communions chrétiennes (1819);

7° Des ouvrages ascétiques;

8° *De la vérité;*

9° *Que le Christianisme rapproche l'homme de Dieu, et que la Philosophie l'en sépare;*

10° *Qu'il y a une alliance naturelle entre le despotisme et les doctrines matérialistes;*

11° De la nécessité d'un culte;

12° Réponse à un protestant (1821);

13° Sur l'arrangement conclu avec le Saint-Siége (1819);

14° Sur l'état du clergé de France (1820);

15° Sur un ouvrage intitulé « Du Pape », par M. le comte de Maistre (1820);

16° Sur un arrêt rendu par la Cour de cassation (1819). — Sur l'appel réitéré d'un protestant (M. Roman), condamné à six francs d'amende pour avoir refusé de tendre le devant de sa maison sur le passage du Saint-Sacrement.

17° Lettre à M. l'éditeur du « Conservateur » (sur le même sujet. En réponse à M. Odilon Barrot);

18° Sur les causes de la haine qu'inspire à certains hommes la religion catholique (1820);

19° Sur l'éducation des filles (1819);

20° Sur le suicide (1819);

21° Quelques Réflexions sur la censure et sur l'Université (1820);

22° Réflexions sur la nature et l'étendue de la soumission due aux lois de l'Église en matière de discipline. A l'occasion d'un discours prononcé par le ministre de l'intérieur, le 21 novembre 1820, lors de la pose de la première pierre du séminaire Saint-Sulpice;

23° Sur un ouvrage intitulé « Mémoires, Lettres et Pièces authentiques touchant la vie et la mort de S. A. R. monseigneur Charles-Ferdinand d'Artois, fils de France, duc de Berry »; par M. le vicomte de Châteaubriand (1820);

24° Sur une nouvelle traduction de la Bible, par M. de Genoude;

25° De la Liberté (1820);

26° Sur un caractère de la faction révolutionnaire;

27° De l'orgueil de notre siècle (1820);

28° Association de Saint-Joseph (1822);

29° Vingt-et-un janvier (1823);

30° De la Sainte-Alliance (1822);

31° De l'Espagne (1820);

32° De l'Avenir (1823);

33° Politique de l'Angleterre à l'égard de la guerre d'Espagne (1823).

34° Conduite ambiguë du ministère français dans les affaires d'Espagne (1823);

35° De l'Opposition (1823);

36° Quelques Réflexions sur notre état présent (1823);

37° De la Justice au dix-neuvième siècle, par M. Laurentie (1823);

38° Sur l'observation du dimanche;

39° De la tolérance (1823);

40° Éducation publique ;

41° Sur la poursuite judiciaire dirigée contre le « Drapeau blanc » au sujet de l'Université ;

42° Sur le même sujet ;

43° Du devoir dans les temps actuels (1823) ;

44° (Sur l') Histoire véritable des momiers de Genève, suivie d'une Notice sur les momiers du canton de Vaud ; par un témoin oculaire (1823) ;

45° Défense de la vénérable compagnie des pasteurs de Genève, à l'occasion d'un écrit intitulé « Histoire véritable des momiers » ;

46° (Sur la) Restauration de la science politique, par M. de Haller ;

47° Du projet de loi sur le sacrilége, présenté à la chambre des pairs le 4 janvier 1832 ;

48° Du projet de loi sur les congrégations religieuses de femmes, présenté à la chambre des pairs par monseigneur l'évêque d'Hermopolis, le 4 janvier 1825 ;

49° *Nazon* ;

50° *Physcon* ;

51° Pensées diverses. — Les mêmes que celles du premier volume de « Mélanges », de 1819.

— Nueva Miscelanea, o sea Coleccion de varios opúsculos de M. F. de La Mennais, traducida del frances al castellano. Paris, de la impr. d'Éverat, 1834, in-12.

XXV. Sur une exposition des sentiments des catholiques belges et sur deux mandements épiscopaux.

Article imprimé d'abord dans la « Revue catholique », du 15 mars 1831, et reproduit ensuite dans les troisièmes Mélanges de l'auteur, 1835.

XXVI. Paroles d'un croyant (1). 1833. Paris, Renduel, 1834, in-8, 6 fr. et in-18 (6ᵉ édit.), 1 fr. 25 c. — VIIᵉ édit., augmentée de l'Absolutisme et de la Liberté. Paris, le même, 1834, in-8, 6 fr.

Des fragments de cet ouvrage ont d'abord été publiés dans la « Revue des Deux-Mondes », IIIe série, t. II (avril-juin 1834) et dans la « Revue de Paris », nouvelle série, t. V, 1834. Le fragment, qui a paru dans ce dernier recueil, est intitulé « Une Vision ».

Ce livre a obtenu, dans la même année, huit éditions : six dans le format in-8, et deux in-18, les sixième et huitième.

Autres éditions :

Édition populaire. Paris, Daubrée et Cailleux, 1835, in-18 de 5 flles 1/2, 60 c. — Il y a eu de cette édition trois tirages faits dans la même année : les

---

(1) Ce titre de *Paroles* a été pris de 1834 à 1836 plusieurs fois par divers auteurs, mais aucun des ouvrages qui le portent, sauf ceux que nous citons plus bas aux Réfutations, n'ont rapport au livre de M. de La Mennais.

deuxième et troisième ont été faits au nombre de 10,000 chacun. Un quatrième tirage a été fait en 1836, également au nombre de 10,000.

Nouvelle édition populaire. Paris, Delloye et Lecou, 1837, in-32. — Tirée à 15,000 exempl.

Autres éditions. Paris, Pagnerre, 1838, in-32, 75 c.

— — — — 1841, in-32, 75 c.

— — — — 1843, in-32, 75 c.

M. de La Mennais était depuis quelques années en différend avec la Cour de Rome, à cause de la ligne politique que lui et ses disciples suivaient dans « l'Avenir ». Des négociations, pour le faire rentrer dans le giron de l'Église romaine, avaient été entamées tant de la part des supérieurs ecclésiastiques que de celle du rédacteur en chef de la feuille qui avait fait naître les dissensions. A peine rentré en grâce près du Saint-Siége, par suite de la soumission qu'il avait promise à Grégoire XVI, et de sa déclaration de respect aux doctrines enseignées par la lettre encyclique du souverain pontife, du 18 septembre 1832; que déjà les « Paroles d'un croyant » s'imprimaient. Ainsi, M. de La Mennais, d'un côté, sollicitait son pardon à Rome, et, d'un autre côté, il préparait un brandon de discorde pour toute la chrétienté! et la preuve, c'est que la lettre de félicitation du Pape à l'abbé de La Mennais est du 28 décembre 1833.

Grégoire XVI fut vivement affligé de cette apostasie. Une nouvelle Lettre encyclique ne tarda pas à être répandue : elle porte la date du 7 juillet 1834. Le souverain pontife y fulmine une condamnation longuement motivée de l'ouvrage intitulé les « Paroles d'un croyant », « peu considérable par son volume, mais immense par sa perversité ». Cette condamnation est en des termes si absolus, que nous ne pouvons résister à la donner ici.

« ... Après avoir entendu quelques-uns de nos vénérables frères les
« cardinaux de la sainte Église romaine, de notre propre mouvement, de
« notre science certaine, et de toute la plénitude de notre puissance apos-
« tolique, nous réprouvons, condamnons et voulons qu'à perpétuité on
« tienne pour réprouvé et condamné le livre ... qui a pour titre : « Paroles
« d'un croyant », où, par un abus impie de la parole de Dieu, les peuples
« sont criminellement poussés à rompre les liens de tout ordre public, à
« renverser l'une et l'autre autorité, à exciter, nourrir, étendre et fortifier
« les séditions dans les empires, les troubles et les rébellions; livre ren-
« fermant par conséquent des propositions respectivement fausses, calom-
« nieuses, téméraires, conduisant à l'anarchie, contraires à la parole de
« Dieu, impies, scandaleuses, erronées, déjà condamnées par l'Église, spé-
« cialement dans les Vaudois, les Wicléfites, les Hussites et autres héré-
« tiques de cette espèce ».

C'était en 1834 que Grégoire XVI signait cette condamnation. Nous avons vu depuis l'abbé de La Mennais à l'œuvre : il a justifié par ses derniers ouvrages les prévisions du souverain pontife. Tout n'est pas fini avec l'agitateur La Mennais. Il s'est laissé nommer président de banquets socialistes. Les journaux de la fin d'octobre nous apprennent que ce pasteur des âmes venait d'accepter la présidence d'une monstrueuse société démagogique, qui prenait le titre de « Société de la solidarité républicaine », laquelle comptait avoir en quinze jours 500,000 adhérents. Singulière assemblée ecclésiastique !

— Worte eines Glaubigen, von *F. von de La Mennais*, nach der neusten Ausgabe aus dem franzœsischen übersetzt von *Ehrenfried Stoeber*. Strasburg, gedruckt bey Schuler, 1834, in-8 de 88 p.

— Worte des Glaubens von abbé *de La Mennais*, aus dem franzœsischen uebersetzt von *Ludwig Bœrne*, Paris, Aillaud, 1834, in-8.

— Words (the) of a Beliver, translated by the author of « Erin's Island ». Paris, printed by Belin, 1835, in-8.

— Palabras de un Creyente, obra traducida del frances al español. Marseille, de la impr. de Barile, 1835, in-12.

— Palabras de un Creyente, obra escrita en frances, traducida al castellano sobre la octava edicion, corregida y aumentada por el autor de un appendice sobre la Libertad y el Absolutismo. Paris, Rosa, 1835, in-12.

— Harpes des peuples, ou Paroles d'un Croyant, de M. *F. de La Mennais*, mises en vers par M. *Mercier;* précédées d'une Lettre de M. *F. de La Mennais* à l'auteur. Paris, Desrez, 1839, in-8, 7 fr. 50 c.

M. Duchapt, conseiller de la cour d'appel de Bourges, s'est aussi attaché à mettre en vers un chapitre des « Paroles d'un croyant ». Cette version a paru dans le journal de Bourges. (Voy. la 3ᵉ partie de cette notice).

XXVII. Mélanges (Troisièmes). Paris, Daubrée et Cailleux, 1835, in-8, 7 fr. 50 c.

Ces « Troisièmes Mélanges » sont précédés d'une *Préface* très étendue. Nous n'avons pas eu sous les yeux l'édition de 1835 de ces Mélanges, mais nous avons eu leur réimpression formant le t. X des Œuvres complètes de l'auteur, 1836-37, 10 vol. in-8; elle doit être conforme à son aînée, car M. de La Mennais, il faut l'avouer, n'ajoute et ne supprime rien à aucun de ses ouvrages publiés; il a, ou le courage de ses opinions, ou l'entêtement du Breton. Or, dans la réimpression, cette *Préface* n'a pas moins de cxxij pages. A la suite se trouvent les morceaux suivants, extraits de divers journaux auxquels M. l'abbé de La Mennais a coopéré :

1º Quelques Réflexions sur le procès du « Constitutionnel » et du « Courrier » en 1825, et sur les arrêts rendus à cette occasion par la Cour royale ;

2º Lettre au rédacteur du « Mémorial catholique » (sur un article de la « Revue protestante »);

3º Lettre au rédacteur du « Mémorial catholique », en réponse à la « Revue protestante »;

4° Sur une attaque dirigée contre M. l'abbé de La Mennais et le « Mémorial catholique » (contre les réfutations de M. l'abbé Flottes);

5° Traditions des sauvages de l'Amérique septentrionale ;

6° Lettre au rédacteur de la « Quotidienne »;

7° Lettre au rédacteur du « Mémorial catholique » sur les attaques dirigées contre M. de La Mennais à l'occasion de son ouvrage : « De la Religion considérée dans ses rapports avec l'ordre politique et civiL Juillet 1826;

8° Lettre au rédacteur du « Mémorial catholique » sur le jugement du tribunal de police correctionnelle dans le procès de M. de La Mennais. Juillet 1826 ;

9° Lettre au rédacteur de la « Quotidienne » (contre le mandement de l'archevêque de Paris). Datée de La Chênaie, le 27 février 1829 ;

10° Sur une exposition des sentiments des catholiques belges et sur deux mandements épiscopaux. — Réimpression d'un article de la « Revue catholique », du 15 mars 1831 ;

Articles publiés dans l'Avenir ;

11° Article sans titre. — Appel aux catholiques pour la révolte ;

12° De la position du Gouvernement ;

13° De la séparation de l'Église et de l'État ;

14° De la libre communication avec Rome ;

15° Nécessité de s'unir pour le maintien de l'ordre et la conservation des droits communs ;

16° D'une grave erreur des honnêtes gens ;

17° Oppression des catholiques ;

18° Des doctrines (du journal) de « l'Avenir; »

19° Le Pape ;

20° De la position de l'Église de France ;

21° Sur une pétition présentée à la chambre des députés, et sur une ordonnance contre-signée Mérilhou ;

22° Fausse direction du Gouvernement ;

23° Réponse à la lettre du père Ventura ;

24° De la République ;

25° Intérêts et devoirs des catholiques ;

26° Sur la Profession de foi de l'Église catholique française , précédée de l'Esprit de l'Église romaine ou de l'éducation anti-nationale des séminaires ;

27° Du serment politique ;

28° De la liberté ;

29° De la pairie ;

30° De l'avenir de la Société ;

31° Ce que sera le Catholicisme dans la société nouvelle ;

32° Du système suivi par les ministres depuis la révolution de juillet ;

33° De la loi de justice dans ses rapports avec la Société ;

34° De la liberté religieuse ;

35° Réponse à un article du « Moniteur » (à l'occasion d'une circulaire de l'archevêque de Paris) ;

36° Prise de Varsovie ;

37º Constitution du souverain pontife Grégoire XVI ;

38º Suspension de « l'Avenir ».

XXVIII. Affaires de Rome (suivi des *Maux de l'Église et de la Société*). Paris, Cailleux, 1837, in-8, 7 fr. 50 c. — Deuxième édition. Paris, Pagnerre, 1838, 2 vol. in-32, 2 fr. 50 c.

Récit du voyageur. — Mémoire présenté au Pape par les rédacteurs de « l'Avenir ». — Des maux de l'Église et de la Société : État du Catholicisme en Italie, en Espagne, en Portugal et en France.

— Angelegenheiten Rom's, uebersetzt von A. *Hindemith*. Strasburg, gedruckt bey Schuler, 1836, in-8.

XXIX. Livre (le) du peuple. Paris, Delloye ; Lecou, 1838 (1837), in-8, 7 fr. 50 c.

Autres éditions :

Deuxième édition. Paris, Pagnerre, 1838, in-32, 1 fr. 25 c.

Troisième édition. Paris, le même, 1838, in-32, 1 fr. 25 c.

Sixième édition, augmentée. Paris, le même, 1838, in-32, 1 fr. 25 c.

Nouvelle édition, augmentée. Paris, Edme et Alexandre Picard, 1838, in-8, 3 fr. 75 c.

En faisant allusion aux éditions populaires des pamphlets de M. de La Mennais, les « Paroles d'un croyant » et le « Livre du peuple », en particulier un poète a dit :

> S'il est vrai que, courbé sous des lois homicides,
>   Le pauvre est là qui meurt de faim,
> Pour apaiser le cri de ses entrailles vides,
> De grands mots galoppant sur des coursiers sans brides,
>   Ne valent pas un peu de pain.
>
> Et du pain, ce n'est pas des phrases factieuses,
>   Des déclamations furibondes et creuses,
>   Effets tirés sur lui par la mauvaise foi.
> Tes pamphlets qu'il achète à l'étal de Pagnerre (1),
>   Sont un dernier impôt levé sur sa misère,
> Et ne font quelque bien qu'à Pagnerre et qu'à toi,
>
> UN HOMME POTENCE, Lettre à M. l'abbé de La Mennais, 1840, pag. 8.

— Libro (el) del pueblo ; traducido di la 4ª edicion francesa. Marseille, de la impr. de Mossy, 1838, in-32.

XXX. Esclavage (de l') moderne. Paris, Pagnerre, 1839, in-32 de 80 pag., 75 c. — Deuxième édition. Paris, le même, 1840, in-32 de 128 pag., 75 c.

---

(1) M. Pagnerre est, comme on sait, l'éditeur des pamphlets politiques de M. l'abbé de La Mennais, du ci-devant vicomte de Cormenin, de MM. Cabet, Altaroche, Louis Blanc et autres personnages dont la spécialité consiste à aimer le peuple en paroles.　　　　　*Note de l'homme potence.*

XXXI. Questions politiques et philosophiques. Recueil des articles publiés dans « l'Avenir » (du 16 octobre 1830 au 15 novembre 1831). Paris, Pagnerre, 1840, 2 vol. in-16.

C'est au moins la troisième fois que les articles de « l'Avenir » de M. de La Mennais sont colligés dans ces deux volumes in-16. Ils l'avaient été d'abord pour les « Mélanges catholiques » (1831, 2 vol. in-8), publiés par « l'Agence générale pour la défense de la liberté religieuse »; Agence dont M. de La Mennais était le président; et ensuite dans les Troisièmes Mélanges de l'auteur (1835, 1 vol. in-8). M. de La Mennais n'a point oublié qu'il a tenu autrefois une boutique de librairie.

XXXII. Esquisse d'une Philosophie. T. I à IV. Paris, Pagnerre, 1841-46, 4 vol. in-8, 30 fr.

Les trois premiers volumes ont paru en 1841.

M. de La Mennais voit partout son sujet, il ne le trouve nulle part.

Quoi qu'il en soit, l'écrivain paraissait avoir reculé les bornes de la science. Mais ne voilà-t-il pas que depuis quatre ou cinq ans, reconnaissant par là même que tout ce qu'il avait écrit sur la Philosophie, pourtant n'était pas de la Philosophie, il se met à concevoir, ce qu'il appelait une Philosophie, qu'il faisait annoncer partout, ces dernières années, prôner à l'avance, et qu'il avait nommée en dernier lieu, après mille variantes, « Théorie catholique de l'esprit humain ! » (Voy. les « Éléments de Philosophie » de l'abbé Combalot). A la juger par les dernières *Paroles* de l'auteur, ce devait être la théorie de la folie d'un esprit humain.

MADROLLE, « Hist. secr. du parti et de l'apostasie de M. de La Mennais.

— Grundriss einer Philosophie, aus dem franzœsischen, (I-III Baende. Uebers. von *Aug. Kahlhorst*, aus Strasbourg, u. *Emich*, aus Pesth). Paris, Renouard, 1841, 3 vol. in-8, 22 fr. 50 c.

XXXIII. Discussions critiques et Pensées diverses sur la Religion et la Philosophie. Paris, Pagnerre, 1841, in-8, 5 fr.

La Préface de ce volume est datée de Sainte-Pélagie, le 10 avril 1841.

Ce volume intitulé « Discussions critiques et Pensées diverses ... » ne renferme que des *réflexions diverses* et des *pensées*, qui ne sont pas celles imprimées à la suite des premiers *Mélanges* de l'auteur, 1819.

Voici le début de la préface de M. de La Mennais, écrite à Ste-Pélagie :

« Les fragments que nous publions ont été écrits, pour la plupart, il y a longtemps, sous l'influence, soit des idées qui nous frappaient à l'instant même, soit des émotions que tant de causes diverses font naître en chacun de nous dans le cours de notre vie si agitée. Nous étions loin de prévoir alors qu'un jour nous dussions rassembler, pour les offrir au public, ces feuilles éparses, et on le verra bien par ce que la pensée sous-entend quelquefois, et par la forme native, spontanée qu'elle revêt, sans travail et sans art ».

« Nous devons expliquer cependant quels motifs nous ont décidé, après de longues hésitations, à communiquer, pour ainsi dire à tous, ce qui, uniquement destiné d'abord à fixer nos propres idées, n'était qu'une sorte de secret entretien avec nous-mêmes ».

« Il s'est opéré, on le sait, un changement dans nos convictions (1), et ce changement, déterminé par des réflexions nouvelles, déterminées elles-mêmes par un devoir rigoureux, plusieurs ont cru pouvoir l'attribuer à des causes qui, si elles avaient quelque réalité, porteraient une grave atteinte à notre conscience et à notre honneur. Nous n'avons, durant des années, opposé que le dédain à ces indignes inculpations. Maintenant le dédain ne suffit plus : il faut montrer avec quel soin, avec quelle attention scrupuleuse nous examinâmes, à l'époque indiquée dans les *Affaires de Rome*, les importantes questions d'où dépendaient notre foi comme homme, et notre conduite particulière dans la position difficile qu'on nous avait faite ».

Dans le reste de cette Préface, l'orgueilleux prêtre cherche à justifier son apostasie, en essayant de justifier ses doctrines condamnées et par les évêques de France et confirmées par la Cour de Rome. Ne pouvant être plus papiste que le Pape, il prêche au peuple de son pays d'être plus anarchiste que le peuple de 93. Ou chef ultramontain, ou chef démagogue, c'est toujours être chef, et l'orgueil de M. de La Mennais veut qu'il commande à un parti quel qu'il soit.

XXXIV. Religion (de la). Paris, Pagnerre, 1841, in-32, 1 fr. 25 c.

XXXV. Amschaspands et Darvands. Paris, Pagnerre, 1843, in-8. — IIIe édit. Paris, le même, 1843, in-8, 6 fr.

Le cadre de ce livre, qui présente un tableau vif et animé de la société actuelle, est emprunté à la cosmogonie persane ; les *Amschaspands* sont les génies du bien, et les *Darvands* les génies du mal.

XXXVI. Ignorance (de l'). 1844.

Nous ne savons où ce morceau a primitivement paru. Nous l'avons trouvé pour la première fois dans les Œuvres de l'auteur, édition Pagnerre, t. VII, pag. 311 à 326.

XXXVII. Société première (de la) et de ses lois, ou de la Religion. Paris, Garnier frères, 1848, in-12 de viij et 260 pag., 2 fr. 50 c.

C'est une partie inédite de « l'Esquisse d'une philosophie », divisée en trois livres : Livre Ier : « De la Société en général ». Livres II et III : « De la Société spirituelle ».

IV. DU CATHOLICISME DANS SES RAPPORTS AVEC LA SOCIÉTÉ POLITIQUE.

XXXVIII. Sur l'observation du dimanche. (1816).

Réimprimé dans le premier recueil des « Mélanges religieux et politi-

---

(1) D'ultramontain, l'auteur est devenu agitateur catholique, puis démagogue.

ques » de l'auteur, aux pages 299 et suiv., et dans les *Nouveaux* (seconds) *Mélanges*, 1826.

XXXIX. Lettre sur les missions. Montpellier, 1819, in-8 de 8 pag.

Réimprimée dans le premier recueil des « Mélanges religieux et philosophiques » de l'auteur, aux pages 327-33, sous le titre « Des Missions ».

XL. Sociétés bibliques (des). (1819).

Réimprimé dans le premier recueil des « Mélanges religieux et philosophiques » de l'auteur, aux pages 334 et suiv.

XLI. Réponse à une Lettre (des membres de la Société biblique protestante de Paris) contre l'article précédent. (1819).

Même volume, aux pages 343-63.

XLII. Réunion (de la) des différentes communions chrétiennes. (1819).

Réimprimé dans le premier recueil des « Mélanges religieux et philosophiques » de l'auteur, aux pages 496-513, et aussi dans ses *Nouveaux* (seconds) *Mélanges*, publiés en 1826.

XLIII. Nécessité (de la) du culte.

Réimprimé dans le premier recueil des « Mélanges religieux et philosophiques » de l'auteur, aux pages 533-37 (1819), et aussi dans ses *Nouveaux* (seconds) *Mélanges*, publiés en 1826.

XLIV. Devoir (du) dans les temps actuels. Paris, de l'impr. de Le Normant, 1823, in-8 de 20 pag.

Réimp. dans les *Nouveaux* (seconds) *Mélanges* de l'auteur, 1826.

XLV. Religion (de la) considérée dans ses rapports avec l'ordre politique et civil. Paris, au bureau du « Mémorial catholique », 1825-26, 2 part. in-8, 7 fr.

La première partie a eu une troisième édition en 1825.

Cet ouvrage a été réimprimé dans les Œuvres de l'auteur, édition Pagnerre, gr. in-18, dont il forme le tome VII, sous le titre *Du Catholicisme dans ses rapports avec la société politique*.

La première partie de ce livre parut en 1825; elle est une étude de l'état religieux et politique de la France. La seconde, qui parut au commencement de 1826, attaque la doctrine de l'inadmissibilité du pouvoir qu'avait inaugurée en France l'assemblée du clergé de 1682, sous le nom de Libertés de l'Église gallicane.

La Religion en France, a dit M. de La Mennais, *est entièrement hors de la société politique et civile, et, par conséquent, l'État est athée.* Or, dans le système de sa doctrine, cette mise, hors la loi de la religion, a été le coup le plus mortel, porté non seulement aux institutions monarchiques,

mais encore aux éléments de tout véritable ordre politique. « La Révolu-
« tion française, dit-il, est née du Protestantisme ; les protestants avaient
« nié le pouvoir dans la société religieuse, il fallait nécessairement le nier
« aussi dans la société politique, et substituer dans l'une et dans l'autre la
« raison et la volonté de chaque homme à la raison et à la volonté de Dieu,
« base immuable, universelle de toute vérité, de toute loi, de tout devoir.
« Tous les liens qui unissent les hommes et leur auteur étant ainsi brisés,
« il ne resta plus de la religion que l'athéisme, et que l'anarchie pour So-
« ciété. Le meurtre s'arrêta, mais les doctrines restèrent ; elles n'ont pas
« cessé un moment de régner ; leur autorité, loin de s'affaiblir, se légitime de
« jour en jour ; elles deviennent une espèce de symbole national, consacré
« par les institutions publiques, et révéré de ceux même qui l'avaient
« longtemps combattu. Si Buonaparte rendit aux catholiques le libre exer-
« cice de leur culte, l'État, pendant son règne, n'en demeura pas moins
« athée, et rien depuis n'a été changé à ce qui existait sous ce rapport ».

Les passages que nous venons de citer sont pris non point dans le traité
de « l'Indifférence, etc. », mais dans l'un des traités subséquents de l'auteur où se trouvent déduits, comme corollaires de sa doctrine générale,
les principes d'après lesquels il veut qu'elle soit appliquée ; cet écrit a pour
titre *la Religion considérée dans ses rapports avec l'ordre politique et civil.*

On pense bien que le nombre des réfutateurs que s'était attiré M. de
La Mennais, par la publication de son *Essai sur l'indifférence*, s'accrut
considérablement à la publication de ce dernier écrit. Ses réfutateurs doivent être rangés dans deux catégories : la première comprend tous les
philosophes rationalistes, naturalistes et les déistes purs, et la seconde, tous
ceux qui pensent pouvoir admettre la suprématie de l'Église de Rome, et
préserver l'unité catholique, nonobstant une foule de restrictions. Les premiers avaient dit à M. de La Mennais : « Vous voulez rejeter le témoignage
« de la raison individuelle pour n'admettre que le sentiment universel et
« l'autorité de la révélation ; mais ce sentiment universel et les preuves
« de cette révélation, sur quel fondement assuré reposent-ils qui ne se
« résolve définitivement en raison individuelle, en témoignage d'hommes
« pris un à un, et rassemblés par la faculté d'abstraire, propre à notre es-
« prit. Vous dites : On ne peut être certain d'aucune vérité, pas même de
« sa propre existence, si auparavant on ne s'est assuré s'il y a un Dieu ».
Mais le premier fait de l'intelligence humaine est la conscience de son ac-
tivité, et c'est cette vérité fondamentale, cette base de toute certitude
que Descartes a si admirablement formulée en ces termes : *Je pense,
donc je suis.* Le grand Leibnitz avait de même posé la conscience de
l'existence individuelle comme le point de départ de toutes nos connaissances ; et voici ses expressions : « On n'a point assez observé que
« nous avons en nous-même la conscience de l'âme et de la substance,
« lorsque nous nous considérons nous-même et que l'idée de Dieu est
« comprise dans celle que nous avons de nous, en l'affranchissant des
« limites qui bornent nos facultés ; de même que l'idée de l'étendue abso-
« lue est contenue dans l'idée d'un globe en supprimant les surfaces qui
« le terminent. » Dans ce système de réfutation, on rétorquait contre
M. de La Mennais les autorités qu'il avait lui-même invoquées pour ap-

puyer son sentiment, en arguant de faux, ou du moins d'altérations, les ci-
tations qu'il avait faites de Descartes, de Malebranche, Leibnitz, Bacon,
Bossuet, Pascal et autres philosophes célèbres. Les adversaires que nous
avons rangés dans la seconde catégorie, et parmi lesquels les gallicans se
montraient les plus irrités, repoussant d'abord avec indignation la qualification de schismatique, et professant leur respect conditionnel pour le
chef de l'Église universelle, s'attachaient ensuite à venger du reproche
odieux d'athéisme l'État dont ils sont membres, et ils disaient à ce sujet :
« Un État peut, sans manquer aux devoirs que lui impose la religion qu'il
« professe, souffrir et protéger d'autres cultes, parce qu'il n'est aucun de
« ces cultes qui n'ait pour base la religion naturelle ; que tout gouverne-
« ment doit protection à ses sujets ; que la conscience est un asile invio-
« lable ; qu'il suffit, pour être traité en citoyen, d'observer les lois du pays.
« Le gouvernement, en adoptant une religion, ne s'est point imposé l'o-
« bligation d'interdire les autres religions ; s'il est assez heureux pour pro-
« fesser la seule religion vraie, son unique devoir est d'éclairer ses sujets
« sans leur faire violence. Mais en admettant les principes de M. l'abbé
« de La Mennais, on allumerait tous les feux de la guerre parmi les na-
« tions, car chaque religion se croyant la seule vraie, il faudrait qu'elle
« proscrivît toutes les autres, et la religion catholique ne serait pas plus
« épargnée que toute autre ; ce serait alors la force qui déciderait de la
« croyance ; l'univers entier tomberait dans la confusion et l'anarchie ».
Ils ajoutaient : « Vous essayez de flétrir nos Codes, parce que, dites-vous,
« le nom de Dieu n'y est pas prononcé une seule fois ; mais nos Codes, nos
« lois, les plus simples ordonnances, ne sont-ils pas publiés au nom d'un
« prince régnant par la *grâce de Dieu ?* Les Codes ne contiennent-ils pas
« des dispositions pénales contre les outrages faits à la Religion, et cette
« loi contre le sacrilége, qui a excité tant de débats dans les deux cham-
« bres, cette loi qui nous déplaît, non à cause de ses rigueurs, mais parce
« qu'elle ne s'applique pas exclusivement à la religion catholique, et que
« pour cette raison, vous frappez du même reproche hyperbolique d'a-
« théisme, n'est-elle pas un hommage public et solennel rendu à la Divi-
« nité ? Vous prétendez que toute loi sur le sacrilége suppose la croyance
« des dogmes, et qu'ainsi l'État, en rendant une loi qui s'applique à tous
« les cultes, déclare par cela même qu'il croit à tous les cultes ! C'est un
« misérable sophisme. Il y a dans tout culte une idée première, c'est un
« hommage rendu à Dieu, et quel que soit le rite sous lequel s'accomplit
« cet hommage, quand les lois lui ont assuré leur protection, il n'est per-
« mis à personne de l'outrager. M. de La Mennais, lui-même, a reconnu
« cette vérité ; car il admet pour preuve de l'existence de Dieu la croyance
« universelle des peuples. Il pense donc que cette croyance est digne de
« respect ; et si, après avoir admis cette preuve de l'existence de Dieu, il
« s'est avisé depuis de déclarer athées tous ceux qui n'étaient pas catho-
« liques, c'est une contradiction évidente ». M. l'abbé de La Mennais, engagé dans cette polémique, ne recula pas d'une ligne ; il poursuivit hardiment la mission réformatrice qu'il s'était donnée, et ne cessa de faire la
guerre à l'état moral de la Société et à l'organisation civile du clergé, soit
par les écrits qui furent une suite de l'*Essai sur l'indifférence*, comme tc-

lui qui fut publié sous le titre de *Défense*, soit par les articles qu'il donna au *Conservateur* et au *Défenseur*, journaux périodiques qui se succédèrent.

En 1823, M. de La Mennais fut traduit devant les tribunaux pour un article qui avait paru dans « le Drapeau blanc. » (Voyez plus bas la section des journaux.)

En 1826, le célèbre écrivain fut de nouveau appelé devant les tribunaux, à raison de l'écrit que nous avons cité plus haut, ayant pour titre *De la Religion considérée dans ses rapports avec l'ordre politique et civil*, et dans lequel il attaquait la célèbre déclaration de 1682, regardée en France comme une de nos lois politiques constitutives. M. de La Mennais présentait les quatre articles, comme destructifs des bases de la religion chrétienne, et comme bases eux-mêmes d'un schisme que les gallicans répudiaient en vain. Le ministère public l'accusait formellement d'effacer les limites du pouvoir temporel et de la puissance spirituelle; de proclamer la suprématie, l'infaillibilité du Pape, et de lui reconnaître le droit de déposer les princes et de délier les peuples du serment de fidélité. L'illustre accusé fut défendu par M. Berryer, et ne prit la parole que pour prononcer la profession de foi suivante : « Je dois à ma conscience et au caractère sacré dont je suis revêtu, de déclarer au tribunal que je demeure inébranlablement attaché au chef légal de l'Église : que sa foi est ma foi, que sa doctrine est ma doctrine, et que, jusqu'à mon dernier soupir, je continuerai de les professer et de les défendre ». L'arrêt qui intervint condamna à 30 francs d'amende l'abbé de La Mennais, et prononça la saisie de l'ouvrage : cette peine peu grave était ainsi motivée par les considérants de l'arrêt : « En ce qui touche à la prévention d'attaques à la dignité du « roi, à l'ordre de successibilité au trône, aux droits que le roi tient de sa « naissance, etc.; attendu que le caractère de l'abbé de La Mennais, ses « opinions, ses sentiments religieux et monarchiques, ne permettent pas « même de supposer l'intention d'un pareil délit; et (sur le premier chef « de la plainte) attendu que le livre de M. de La Mennais ne peut être lu « et apprécié que par les personnes instruites et éclairées ; enfin, que le « caractère de M. de La Mennais doit être *pris en grande considération, etc.* » Ainsi finit ce procès qui, de même que le premier, n'eut ni tout l'éclat ni toutes les suites sur lesquelles on avait compté.

XLVI. Progrès (des) de la Révolution et de la guerre contre l'Église. Paris, Belin-Mandar et Devaux, 1829, in-8, 6 fr.

Réimprimé la même année.

M. de La Mennais fit ce livre à propos des ordonnances du 28 juin 1828, contre les établissements ecclésiastiques consacrés à l'éducation de la jeunesse. Dans cet ouvrage, qui renferme en germe les doctrines d'agitation développées plus tard dans « l'Avenir », et annonce comme inévitable la crise de 1830, l'auteur discute de la manière la plus large les théories despotiques du pouvoir, et se montre défenseur, également sincère, des droits du prêtre et des droits de l'homme.

Il est des hommes et des questions qui ont la vertu de remuer puissamment les intelligences. Aussi cet ouvrage de M. de La Mennais a-t-il été bien des fois réfuté. (Voy. la seconde partie de cette Notice.)

XLVII. Lettre (première) à monseigneur l'archevêque de Paris. Paris, Belin-Mandar et Devaux, 1829, in-8 de 64 pag., 1 fr. 50 c. — Seconde Lettre au même. Paris, les mêmes, 1829, in-8, 1 fr. 50 c.

M. de La Mennais, attaqué dans un mandement de Mgr l'archevêque de Paris, à l'occasion du livre intitulé : « Progrès de la Révolution », répondit à Sa Grandeur, dans deux Lettres passionnées, qui continuent et complètent la discussion commencée dans son ouvrage.

XLVIII. Déclaration présentée au Saint-Siége. Par les rédacteurs de « l'Avenir », 2 février 1831. Paris, rue Jacob, nº 20, 1831, in-8 de 32 pages.

Une réimpression de cet écrit faite à Clermont-Ferrand, in-8º de 24 pages, parut presqu'en même temps que l'édition originale.

Réimprimé aussi dans les « Mélanges catholiques », t. II, pag. 393-420.

Cette déclaration est signée : F. de La Mennais, prêtre ; P. Gerbet, prêtre ; Rohrbacher, prêtre ; H. Lacordaire, prêtre ; C. de Coux ; A. Bartels ; d'Ault-Dumesnil ; vicomte Ch. de Montalembert ; J. d'Ortigue ; A. de Salinis ; Daguerre ; Harel de Tancrel, rédacteur en chef, et Waille, rédacteur-gérant.

XLIX. Ce que sera le Catholicisme dans la société nouvelle. 30 juin 1831.

Article de « l'Avenir », reproduit dans les troisièmes *Mélanges* de l'auteur, 1835.

V. POLITIQUE.

LOIS ET INSTITUTIONS DE LA FRANCE AU POINT DE VUE DES IDÉES ULTRAMONTAINES, AGITATRICES ET RÉVOLUTIONNAIRES DE M. DE LA MENNAIS.

L. Dotation du clergé. (1814).

Réimprimé dans le premier recueil des « Mélanges religieux et philosophiques » de l'auteur, 1819, aux pages 230-38.

LI. Université impériale (de l'). Avec cette épigraphe : Parcere personis, dicere de vitiis. (1814).

Réimprimé dans le premier recueil des « Mélanges religieux et philosophiques » de l'auteur, 1819, aux pages 376-401.

LII. Clergé (du). (1816).

Réimprimé dans le premier recueil des « Mélanges religieux et philosophiques » de l'auteur, 1819, pages 239-57.

LIII. Droit (du) du Gouvernement sur l'Éducation. Paris, Tournachon-Molin et H. Seguin, 1817, in-8 de 16 p. (Anon.).

Réimpr. dans le premier recueil des « Mélanges religieux et philosophiques » de l'auteur, 1819, aux pages 435-50.

LIV. Observations sur la promesse d'enseigner les quatre articles de la Déclaration de 1682, exigée des professeurs de théologie par le ministre de l'intérieur. Paris, Adr. Leclère, 1818, in-8 de 28 pag. — Sec. édit. Paris, au bureau du « Mémorial catholique », 1824, in-8 de 28 pag.

La première édition est anonyme.

Cet écrit a été réimprimé dans le premier recueil des « Mélanges religieux et philosophiques » de l'auteur, 1819, aux pages 189 à 212.

LV. Observations (nouvelles) sur la promesse d'enseigner les quatre articles de la Déclaration de 1682, exigée des professeurs de théologie par le ministre de l'intérieur ; par un rédacteur du « Mémorial catholique ». Paris, au bureau du « Mémorial catholique », 1824, in-8 de 16 pag.

Nous n'avons retrouvé cet écrit dans aucun des trois volumes des « Mélanges » de l'auteur.

LVI. Observations sur un Mémoire pour le sieur Jacques-Paul Roman, par M. Odilon Barrot. (1818).

Réimprimées dans le premier recueil des « Mélanges religieux et politiques » de l'auteur, 1819, aux pages 308-17.

Le sujet du Mémoire était cette question : Un citoyen peut-il être contraint à tapisser le devant de sa maison lors du passage du Saint-Sacrement? L'auteur des Observations est pour l'affirmative. (Voy. les nᵒˢ LXIV et LXV).

LVII. Éducation du peuple (de l'). (1818).

Réimprimé dans le premier recueil des « Mélanges religieux et philosophiques » de l'auteur, 1819, aux pages 402-23.

***

Aphorisme tiré de ce livre, opposé à l'auteur des « Paroles d'un croyant » et au rédacteur du « Peuple constituant ».

Il y a eu, il y aura à peu près la même proportion entre le nombre de ceux qui possèdent et le nombre de ceux qui ne subsistent que de leur travail. Est-ce à troubler cette proportion que vous tendez? Alors, en parlant du bonheur des hommes, vous rêvez la destruction de la Société.

LVIII. Sur les attaques dirigées contre les frères des écoles chrétiennes. (1818).

Réimprimé dans le premier recueil des « Mélanges religieux et philosophiques » de l'auteur, 1819, aux pages 424-34.

LIX. Éducation (de l'), considérée dans ses rapports avec la liberté. (1818).

Réimprimé dans le premier recueil des « Mélanges religieux et politiques » de l'auteur, 1819, aux pages 451-67.

LX. Sur une demande faite aux évêques par le ministre de l'intérieur. (1819).

Imprimé dans le premier recueil des « Mélanges religieux et philosophiques » de l'auteur, 1819, aux pages 213-17.

Le ministre de l'intérieur demandait que les évêques rendissent compte des aumônes faites à leurs séminaires.

LXI. Sur la prétention de l'autorité civile de forcer le clergé à concourir à l'inhumation de ceux à qui les lois de l'Église défendent d'accorder la sépulture. (1819).

Réimprimé dans le premier recueil des « Mélanges religieux et philosophiques » de l'auteur, 1819, aux pages 318-26.

LXII. Sur l'arrangement conclu avec le Saint-Siége. (1819).

Réimpr. dans les *Nouveaux* (seconds) *Mélanges* de l'auteur, 1826.

LXIII. Sur l'éducation des filles. (1819).

Réimprimé dans les *Nouveaux* (seconds) *Mélanges* de l'auteur, 1826.

LXIV. Sur un arrêt rendu par la Cour de cassation. (1819).

Sur l'appel réitéré d'un protestant, M. Roman, condamné à 6 francs d'amende pour avoir refusé de tendre le devant de sa maison sur le passage de la procession du Saint-Sacrement. (Voy. le n° LVI).

LXV. Lettre à M. l'éditeur « du Conservateur », 15 janv. 1820.

À l'occasion d'une lettre de M. Odilon Barrot à M. de La Mennais sur le sujet précédent.

Ces deux écrits ont été réimprimés à la suite l'un de l'autre dans les *Nouveaux* (seconds) *Mélanges* de l'auteur, 1826.

LXVI. Sur l'état du clergé de France. (1820).

Réimpr. dans les *Nouveaux* (seconds) *Mélanges* de l'auteur, 1826.

LXVII. Liberté (de la). (1820).

Philippique violente contre la liberté. Voy. sur ce morceau la dernière note du n° CXLII.

Réimpr. dans les *Nouveaux* (seconds) *Mélanges* de l'auteur, 1826.

LXVIII. Quelques Réflexions sur la censure et l'Université. Paris, de l'impr. de Cosson, 1820, in-8 de 16 pag.

Réimpr. dans les *Nouveaux* (seconds) *Mélanges* de l'auteur, 1826.

LXIX. Réflexions sur la nature et l'étendue de la soumission due aux lois de l'Église en matière de discipline, à l'occasion d'un discours prononcé par M. le ministre de l'intérieur, le 21 novembre dernier, lors de la pose de la première pierre du séminaire de Saint-Sulpice. Paris, à la libr. grecque-lat.-allem., 1820, in-8 de 16 pag.

Réimpr. dans les *Nouveaux* (seconds) *Mélanges* de l'auteur, 1826.

LXX. Espagne (de l'). (1820).

Réimprimé dans les *Nouveaux* (seconds) *Mélanges* de l'auteur, 1826.

LXXI. Sainte-Alliance (de la). 1822.

Réimpr. dans les *Nouveaux* (seconds) *Mélanges* de l'auteur, 1826.

LXXII. Association de Saint-Joseph. (1822).

Réimpr. dans les *Nouveaux* (seconds) *Mélanges* de l'auteur, 1826.

LXXIII. Vingt-et-un janvier. (1823).

Réimpr. dans les *Nouveaux* (seconds) *Mélanges* de l'auteur, 1826.
L'auteur, à cette occasion, a fait un magnifique éloge de la royauté. Voy. sur cet article l'avant dernière note du n° CXLII.

LXXIV. Avenir (de l'). (1823).

Réimpr. dans les *Nouveaux* (seconds) *Mélanges* de l'auteur, 1826.

LXXV. Politique de l'Angleterre à l'égard de la guerre d'Espagne. (1823).

Réimpr. dans les *Nouveaux* (seconds) *Mélanges* de l'auteur, 1826.

LXXVI. Conduite ambiguë du ministère français dans les affaires d'Espagne. (1823).

Réimpr. dans les *Nouveaux* (seconds) *Mélanges* de l'auteur, 1826.

LXXVII. Opposition (de l'). (1823).

Réimprimés dans les *Nouveaux* (seconds) *Mélanges* de l'auteur, 1826.

LXXVIII. Quelques Réflexions sur notre état présent. (1823).

Réimpr. dans les *Nouveaux* (seconds) *Mélanges* de l'auteur, 1826.

LXXIX. Tolérance (de la). (1823).

Réimpr. dans les *Nouveaux* (seconds) *Mélanges* de l'auteur, 1826.

LXXX. Quelques Réflexions sur le procès du « Constitutionnel » et du « Courrier », en 1825, et sur les arrêts rendus à cette occasion par la Cour royale. Paris, au bureau du « Mémorial catholique », 1825, in-8 de 45 pag., 1 fr.

Réimpr. dans les troisièmes *Mélanges* de l'auteur (1835).
Le 30 juillet 1825, M. le procureur-général Bellard déféra aux tribunaux

le « Constitutionnel » et le Courrier français », et conclut à ce que ces
deux journaux fussent suspendus, le « Constitutionnel » pendant un mois,
et le « Courrier français » pendant trois mois, « attendu que l'esprit des-
« dits journaux résultant de l'ensemble de leurs feuilles, et notamment
« d'une succession d'articles cités en entier par l'exposant dans un cahier
« signé de lui, est de nature à porter atteinte au respect dû à la religion
« de l'État ».

Le prétexte de M. de La Mennais était de défendre les deux journaux
incriminés, mais son but réel était d'attaquer cette même religion de
l'État, sa marotte d'alors, et de préconiser l'unité de l'Église, l'ultramontanisme en un mot.

LXXXI. Projet (du) de loi sur le sacrilége, présenté à la Chambre des pairs, le 4 janvier 1825. Paris, au bureau du « Mémorial ca-
thol. », 1825, in-8 de 19 pages.

Réimpr. dans les *Nouveaux* (seconds) *Mélanges* de l'auteur, 1826.

Dans la réimpression, la date du projet de loi porte, par erreur, celle du
4 janvier 1832, quant l'écrit original est de 1825.

LXXXII. Projet (du) de loi sur les congrégations religieuses de
femmes, présenté à la Chambre des pairs, par monseigneur l'évêque d'Hermopolis, le 4 janvier 1825. Paris, au bureau du « Mémorial catholique », 1825, in-8 de 30 pages, 1 fr. 50 c.

Réimpr. dans les *Nouveaux* (seconds) *Mélanges* de l'auteur, 1826.

LXXXIII. In quatuor articulos declarationis anno 1682 editæ
aphorismata, ad juniores theologos. Auctore F. D. L. M. Parisiis,
au bureau du « Mémorial catholique », 1826, in-8 de 8 p.

LXXXIV. Sur un caractère de la faction révolutionnaire.

Réimp. dans les *Nouveaux* (seconds) *Mélanges* de l'auteur, 1826.

LXXXV. Lettre au rédacteur de « la Quotidienne », 11 avr. 1826.

Réimpr. dans les troisièmes *Mélanges* de l'auteur, 1835.

LXXXVI. Sur la poursuite judiciaire dirigée contre le « Drapeau
blanc » au sujet de l'Université. — II. Sur le même sujet.

Réimpr. dans les *Nouveaux* (seconds) *Mélanges* de l'auteur, 1826.

LXXXVII. Lettre au rédacteur du « Mémorial catholique » sur le
jugement du tribunal de police correctionnelle dans le procès de
M. de La Mennais. Juillet 1826.

Réimpr. dans les troisièmes *Mélanges* de l'auteur, 1835.

LXXXVIII. Éducation publique.

Réimpr. dans les *Nouveaux* (seconds) *Mélanges* de l'auteur, 1826.

LXXXIX. Doctrines générales (du journal « l'Avenir »). Introduction). Avenir, 16 octobre 1830.

Réimpr. dans les « Mélanges catholiques », t. I, 1831.

XC. Sur les libertés publiques. 16 octobre 1830.

Article de « l'Avenir », réimpr. dans les troisièmes *Mélanges* de l'auteur, 1835.

XCI. Position (de la) du gouvernement. 17 octobre 1830.

Article de « l'Avenir », réimpr. et dans les *Mélanges catholiques* (1831, 2 vol. in-8) et dans les troisièmes *Mélanges* de l'auteur, 1835.

XCII. Séparation (de la) de l'Église et de l'État. 18 octobre 1830.

Article de « l'Avenir », réimpr. d'abord dans les *Mélanges catholiques* (1831, 2 vol. in-8), et ensuite dans les troisièmes *Mélanges* de l'auteur, 1835.

XCIII. Libre (de la) communication avec Rome. 26 octobre 1830.

Article de « l'Avenir », reproduit dans les troisièmes *Mélanges* de l'auteur, 1835.

XCIV. Nécessité de s'unir pour le maintien de l'ordre et la conservation des droits communs. 30 et 31 octobre 1830.

Deux articles de « l'Avenir », reproduits et dans les *Mélanges catholiques* (1831, 2 vol. in-8) et dans les troisièmes *Mélanges* de l'auteur, 1835.

XCV. Une (d') grave erreur des honnêtes gens. 9 novembre 1830.

Article de « l'Avenir », reproduit dans les *Mélanges catholiques* (1831, 2 vol. in-8), et dans les troisièmes *Mélanges* de l'auteur, 1835.

XCVI. Oppression des catholiques. 26 novembre 1830.

Article de « l'Avenir », reproduit dans les *Mélanges catholiques* (1831, 2 vol. in-8), et dans les troisièmes *Mélanges* de l'auteur, 1835.

XCVII. Doctrines (des) de « l'Avenir » (journal). 7 décembre 1830.

Article de « l'Avenir », reproduit dans les *Mélanges catholiques* (1831, 2 vol. in-8), et dans les troisièmes *Mélanges* de l'auteur, 1835.

Les doctrines de « l'Avenir » ne furent point approuvées par les autorités ecclésiastiques ; seize propositions tirées de divers numéros furent censurées par elles et soumises à l'approbation de la cour de Rome. De là naquit entre le Saint-Siége et M. l'abbé de La Mennais, un différend qui dura près de deux ans.

XCVIII. Pape (le), 22 décembre 1830.

Article de « l'Avenir », reproduit dans le t. II des *Mélanges catholiques*, 1831, et dans les troisièmes *Mélanges* de l'auteur, 1835.

XCIX. Bases (des) naturelles d'une réorganisation politique de la France.

Article de « l'Avenir », du 3 janvier 1831, réimpr. sans nom d'auteur, dans le t. I des *Mélanges catholiques*, mais qui doit être de M. de La Mennais, quoiqu'il n'ait pas été réimprimé dans le t. III des « Mélanges » de l'auteur.

C. Position (de la) de l'Église de France. 6 janvier 1831.

Article de « l'Avenir », reproduit d'abord dans les *Mélanges catholiques* (1831, 2 vol. in-8), ensuite dans les troisièmes *Mélanges* de l'auteur, 1835.

CI. Sur une pétition présentée à la Chambre des députés (sollicitant une ordonnance du roi qui réduise de moitié les archevêques et évêques, et qui mette à la retraite ceux qui seraient éliminés), et sur une ordonnance contre-signée (Mérilhou). 13 janvier 1831.

Article de « l'Avenir », reproduit dans les troisièmes *Mélanges* de l'auteur, 1835.

CII. Fausse direction du Gouvernement. 27 janv. 1831. [3696]

Article de « l'Avenir », reproduit dans les *Mélanges catholiques* (1831, 2 vol. in-8), et dans les troisièmes *Mélanges* de l'auteur, 1835.

CIII. Loi sur les communes (de la).

Article de « l'Avenir », du 7 février 1831, réimpr., sans nom d'auteur, dans le t. I des *Mélanges catholiques*, mais qui doit être de M. de La Mennais, quoiqu'il n'ait pas été réimprimé dans le t. III des « Mélanges » de l'auteur.

CIV. Réponse à la lettre du P. Ventura (sur les doctrines de « l'Avenir »). 12 février 1831.

Impr. d'abord dans « l'Avenir », et reproduite dans les *Mélanges catholiques* (1831, 2 vol. in-8), et dans les troisièmes *Mélanges* de l'auteur, 1835.

CV. République (de la). 9 mars 1831.

Article de « l'Avenir », reproduit dans les *Mélanges catholiques*, et dans les troisièmes *Mélanges* de l'auteur, 1835.

CVI. Lettre de M. l'abbé F. de La Mennais. Juilly, le 7 avril 1831.

Imprimée dans « l'Avenir », n° du 29 avril. En tête de cette lettre, on lit cet avis : « La lettre suivante, qui s'explique sur quelques uns des repro-
« ches les plus fréquemment adressés à « l'Avenir », avait été écrite sans
« aucune intention de publicité. On a cru plus tard qu'elle pourrait dissi-

« per des préventions de bonne foi, si elle était connue; nous la donnons,
« comme elle fut écrite, avec le désir d'éclairer ceux qui ne haïssent pas
« la lumière et la paix ».

CVII. Intérêts et devoirs des catholiques. 7 avril 1831.

Article de « l'Avenir », reproduit et dans les *Mélanges catholiques* (1831,
2 vol. in-8), et dans les troisièmes *Mélanges* de l'auteur, 1835.

CVIII. Serment (du) politique. 28 avril 1831.

Article de « l'Avenir », reproduit dans les *Mélanges catholiques* et dans
les troisièmes *Mélanges* de l'auteur, 1835.

CIX. Liberté (de la). 23 mai 1831.

Article de « l'Avenir », reproduit dans les troisièmes *Mélanges* de l'auteur, 1835.

CX. Pairie (de la). 28 mai 1831.

Article de « l'Avenir », reproduit dans les *Mélanges catholiques*, et dans
les troisièmes *Mélanges* de l'auteur, 1835.

CXI. Avenir (de l') de la Société. 28 et 29 juin 1831.

Deux articles de « l'Avenir », réimprimés dans le t. I, pag. 53-85 des
Mélanges catholiques (1831, 2 vol. in-8), et dans les troisièmes *Mélanges* de
l'auteur, 1835.

CXII. Système (du) suivi par les ministres depuis la révolution
de juillet. 1er juillet 1831.

Article de « l'Avenir », reproduit dans les *Mélanges catholiques*, et dans
les troisièmes *Mélanges* de l'auteur, 1835.

CXIII. Loi (de la) de justice dans ses rapports avec la Société.
3 juillet 1831.

Article de « l'Avenir », reproduit dans les troisièmes *Mélanges* de l'auteur, 1835.

CXIV. Liberté religieuse (de la). 30 août 1831.

Article de « l'Avenir », reproduit dans les troisièmes *Mélanges* de l'auteur, 1835.

CXV. Réponse à un article du « Moniteur » (à propos de la circulaire de M. l'archevêque de Paris). 14 septembre 1831.

Article de « l'Avenir », reproduit dans les troisièmes *Mélanges* de l'auteur, 1835.

CXVI. Prise de Varsovie. 17 septembre 1831.

Article de « l'Avenir », reproduit dans les troisièmes *Mélanges* de l'auteur, 1835.

CXVII. Constitution du souverain pontife Grégoire XVI. 10 octobre 1831.

Article de « l'Avenir », reproduit dans les troisièmes *Mélanges* de l'auteur, 1835.

CXVIII. Suspension de « l'Avenir ». 15 novembre 1831.

Article de « l'Avenir », reproduit dans les troisièmes *Mélanges* de l'auteur, 1835.

CXIX. Préface des « Mélanges catholiques ». Extraits de « l'Avenir », 1831.

CXX. Réponse de M. de La Mennais à M. de Potter.

La Lettre de M. de Potter à M. de La Mennais est de Paris, le 4 septembre 1832. La Réponse, qui a été imprimée sans date, a dû être écrite dans le même mois. Comme nous n'avons trouvé cette *Réponse* imprimée dans aucun des recueils de son auteur, mais seulement dans la Censure de cinquante-six propositions extraites des divers écrits de M. de La Mennais », 1835, pages 166 et 167 , nous croyons devoir la reproduire ici pour constater que, chez M. l'abbé de La Mennais, les idées subversives de tout ordre sont plus anciennes qu'on ne le croit généralement.

« Je partage votre avis sur la marche des affaires de votre pays. On a tout perdu en se mettant à la suite de la conférence ; et aujourd'hui, je ne vois pas de moyen de réparer tant de fautes, et des fautes si graves. La Belgique a, comme nous, son gouvernement de juste-milieu, et s'il présente à quelques égards un caractère différent du nôtre, cela ne tient pas au fond du système, mais à la diversité des dispositions et de l'esprit qui domine chez les deux peuples. Du reste, les conséquences seront les mêmes, c'est-à-dire qu'après avoir beaucoup souffert, il faudra en venir, à Bruxelles comme à Paris, à reprendre par ses fondements l'œuvre d'une vraie régénération. Ce qui se passe en France prépare les voies aux nouveaux changements que la folie et les passions des hommes ont rendus nécessaires. Les trois partis qui forment le plus grand obstacle au renouvellement social, les légitimistes, les terroristes et le juste-milieu dégénéré en despotisme militaire, se détruisent maintenant l'un par l'autre, et ma seule crainte est que la dernière catastrophe n'arrive avant qu'une opinion saine et organisée ne soit en état d'en tirer parti au profit de l'ordre. Car la force qui renverse n'est qu'une calamité de plus, quand elle n'a pas derrière elle une pensée qui puisse édifier. Je conçois absolument de la même manière que vous, l'action à exercer sur le monde. C'est au peuple , au vrai peuple qu'il faut s'identifier ; c'est lui seul qu'on doit voir ; c'est lui qu'il faut amener à défendre sa propre cause, à vouloir, à agir. Tout mouvement moins profond sera stérile pour le bien ; parce qu'il sera vicié dans son principe. Plus convaincu de cela que jamais, je me sens aussi plus que jamais plein d'ardeur pour retourner au grand combat auquel j'ai consacré ma vie... Mais, dans aucun cas, je ne resterai muet, et vous pouvez compter que ma parole sera nette. Le temps est venu de dire tout ».

CXXI. Hymne à la Pologne. 1833.

Impr. à la suite du « Livre des pèlerins polonais », traduit du polonais d'Adam Mickiewicz, par M. le comte de Montalembert. Paris, Renduel, in-18 (1).

____

(1) L'encyclique fulminante de 1838 avait déjà été publiée ; le prêtre semblait

CXXII. Lettres de M. de La Mennais. 1833.

Imprimées avec la « Lettre encyclique et bref de notre saint père le pape Grégoire XVI »; Circulaire de M. l'évêque de Rennes.... Paris, Adr. Leclère, in-8° de 60 pages; puis aussi parmi les pièces justificatives de la Censure de 56 propositions (1835, in-8), et encore à la fin des « Affaires de Rome ».

CXXIII. Absolutisme (de l') et de la Liberté. (Dialoghetti). — Imprimé dans la « Revue des Deux-Mondes », IIIe série, t. III (juillet à septembre 1834).

Cet écrit a été réimprimé à la suite de plusieurs éditions des *paroles d'un Croyant.* (Voy. le n° XXVI.)

CXXIV. Fragment politique. 1835. — Imprimé dans la « Revue des Deux-Mondes », IVe série, t. I (janv. à mars 1835). [3718]

CXXV. Politique à l'usage du peuple, recueil des articles publiés dans le « Monde », du 10 février au 4 juin 1837; la « Revue des Deux-Mondes », et la « Revue du Progrès »; précédé d'une Préface. Paris, Pagnerre, 1838, 2 vol. in-32, 2 fr. 50 c. — Quatrième édition, augmentée. Paris, le même, 1839, 2 vol. in-32, 2 fr. 50 c.

La « Bibliographie de la France » n'a annoncé ni de deuxième ni de troisième éditions.

On a mis en tête du premier volume de la quatrième édition, et paginé en chiffres romains l'opuscule : *De la lutte entre la Cour et le pouvoir parlementaire* (voy. le n° CXXVIII); et qui n'était donné que comme devant servir de préface à une nouvelle édition de la *Politique à l'usage du peuple.*

L'impression, sous le titre de : *De la lutte, etc.*, était paginée en chiffres arabes. La reproduction, intitulée : « Préface », est en chiffres romains.

Ces deux petits volumes sont présentés comme étant la réunion des articles de l'auteur qui ont paru dans le « Monde », la « Revue des Deux-Mondes » et la « Revue du progrès »; mais cette réunion n'est point complète, car on n'y trouve ni le n° CXXIII, CXXIV, CXXVI, ni les n°° CXXVII, CLXI, CLXV, qui n'ont été reproduits dans aucun des Mélanges de M. de La Mennais.

Les articles que renferment ces deux volumes sont au nombre de cinquante-trois, et en voici les titres :

---

déjà s'être soumis, et le seul noble de ses disciples (M. le comte Ch. de Montalembert) lançait, sous le titre de « Pèlerin polonais », une torche sur tous les rois de la chrétienté, et, par conséquent, sur le souverain pontife Grégoire XVI; et le prêtre lui-même dotait le pèlerin d'une *Hymne* séditieuse, où il excite de rechef à l'insurrection le pays, toujours plus malheureux après ses héroïsmes, en lui disant : « Console-toi, ta tombe est ton berceau ! » (*Madrolle*, p. 56).

T. I, 1° Préface ; — 2° Exposition sommaire de nos doctrines politiques ; — 3° De la loi sur les attributions municipales ; — 4° De quelques projets de lois anti-sociales ; — 5° Tous les hommes naissent égaux en droit ; — 6° Affaiblissement de la puissance anglaise ; — 7° Des intérêts de la bourgeoisie ; — 8° Du système conservateur ; — 9° De la haute bourgeoisie ; — 10° De la politique de l'esprit et de la politique matérielle ; — 11° Question d'Alger ; — 12° Loi sur les caisses d'épargne ; — 13° Du droit et du devoir ; — 14° Pourquoi les chambres ont si peu d'influence sur l'opinion publique ; — 15° Loi d'apanage ; — 16° Que peut faire le Gouvernement ? — 17° Que le véritable conservateur, c'est le peuple ; — 18° Emploi de la session ; — 19° Laissez passer la justice de Dieu ; — 20° De la fraternité humaine ; — 21° Allocation des fonds secrets ; — 22° Loi sur l'instruction secondaire ; — 23° Des pauvres ; — 24° État intérieur de l'Angleterre ; — 25° Qu'est-ce que la bourgeoisie ? — 26° Misère du peuple ; — 27° Apanage du duc de Nemours ; — 28° Du peuple.

Tome II. 29° Affaire d'Alger ; — 30° Caractère des journaux du pouvoir ; — 31° Mariage des princes ; — 32° De la crise ministérielle ; — 33° De la préoccupation exclusive des questions purement politiques ; — 34° De l'aristocratie du cens ; — 35° De l'inconnu en politique ; — 36° De la formation du ministère ; — 37° De la stabilité sociale ; — 38° De la reconstruction du ministère ; — 39° Presse doctrinaire ; — 40° De la politique et du progrès social ; — 41° Culte sanglant ; — 42° Des partis en Angleterre ; — 43° Des gouvernements constitutionnels ; — 44° Du système des majorités ; — 45° Du droit de grâce ; — 46° Du système doctrinaire ; — 47° Amnistie ; — 48° Des gouvernements européens ; — 49° De l'opposition dans la chambre ; — 50° De la justice politique ; — 51° De la composition du Gouvernement ; — 52° Ce que sont devenues les espérances de juillet ; — 53° L'ommium, association du crédit général.

CXXVI. Institutions financières. — D'un nouveau système de crédit général. — Impr. dans la « Revue des Deux-Mondes », IV° série, t. XV (juillet à septembre 1838).

CXXVII. Situation présente.

Imprimé dans la « Revue du progrès politique, social et littéraire » de M. L. Blanc, n° du 15 février 1839.

CXXVIII. Lutte (de la) entre la Cour et le pouvoir parlementaire. Paris, Pagnerre, 1839, in-32 de 32 pag., 50 c.

Réimprimé la même année comme préface de la quatrième édition du n° CXXV.

CXXIX. Lettre de M. de La Mennais. 1840.

Imprimée dans un petit pamphlet intitulé : « Tout ou rien, De la Réforme électorale », par un homme du peuple, A. Bougeart. 2° édit. (Paris, 1840, in-32.)

CXXX. Pays (le) et le Gouvernement. Paris, Pagnerre, 1840, in-32 de 128 pag., 75 c.

Ouvrage qui fit traduire l'auteur devant les tribunaux, et le fit condamner à quelques mois de prison.

CXXXI. Passé (du) et de l'avenir du peuple. Paris, Pagnerre, 1841, in-32, 1 fr. 25 c.

CXXXII. Une voix de prison. Sainte-Pélagie, 1841, Paris, Pagnerre, 1846, in-32 de 128 pag., 75 c.

CXXXIII. Avec (l'abbé) A. Constant : le Deuil de la Pologne. Protestation de la Démocratie française et du Socialisme universel. Paris, Bellay aîné, 1846, in-8 de 16 pag., 50 c.

CXXXIV. Projet de Constitution de la République française. Paris, au bur. du « Peuple constituant », 1848, pet. in-18 de 62 p., 20 c.

CXXXV. Avec M. *Aug. Barbet* : Projet de Constitution du crédit social. Paris, au bur. du « Peuple constituant », 1848, pet. in-18 de 30 pag., 15 c.

CXXXVI. Question du travail. Paris, au bureau du « Peuple constituant », 1848, pet. in-18 de 31 pag., 40 c.

CXXXVII. Famille (de la) et de la Propriété. Paris, au bureau du « Peuple constituant », 1848, pet. in-18 de 32 pag., 10 c.

Ces quatre derniers opuscules sont des extraits du « Peuple constituant », journal dont M. de La Mennais était le principal rédacteur.

VI. CRITIQUE ET POLÉMIQUE RELIGIEUSES.

CXXXVIII. Sur un ouvrage intitulé : « Réflexions sur quelques parties de notre législation civile, envisagée sous le rapport de la religion et de la morale, le mariage, le divorce, les enfants naturels, l'adoption, la puissance paternelle, etc.; par Ambroise Rendu, avocat à la Cour royale de Paris, inspecteur général et conseiller ordinaire de l'Université royale de France. (1814).

Réimprimé dans le premier recueil des « Mélanges religieux et philosophiques » de l'auteur, 1819, aux pages 230-58.

CXXXIX. Sur un ouvrage intitulé : « De la nouvelle Église de France » (par le président Joly de Bévy). (1815).

Réimprimé dans le premier recueil des « Mélanges religieux et philosophiques » de l'auteur, 1819, aux pages 218-29.

CXL. Sur un ouvrage intitulé : « Principes sur la distinction du contrat et du sacrement de mariage, sur le pouvoir d'opposer des empêchements dirimants, et sur le droit d'accorder des dispenses matrimoniales » (de M. Tabaraud). (1816).

Réimprimé dans le premier recueil des « Mélanges religieux et philosophiques » de l'auteur, 1819, pages 273-98.

CXLI. Sur les « Vies des justes », de M. l'abbé Carron. (1818).

Réimprimé dans le premier recueil des « Mélanges religieux et philosophiques » de l'auteur, 1819, aux pages 365-75.

CXLII. A l'occasion de l'ouvrage intitulé : « la Manifestation de l'Esprit de vérité » (de M. Alexis Dumesnil). Paris, Plancher, 1819, in-8. — Article imprimé dans le t. II du « Conservateur », pag. 258 et suiv.

Cet article, aujourd'hui si curieux, si décisif, et dont la présence seule eût peut-être arrêté la plume et la main de l'auteur, lorsqu'elles allaient se salir dans les « Paroles d'un croyant » parut dans la seizième livraison, et se trouve aux pages 258 et suivantes du tome deuxième, dans la collection du « Conservateur. » Nous affirmons, car nous le savons de science certaine, que l'article signé seulement de l'initiale F., est bien de l'abbé de La Mennais; nous le lui avons entendu avouer à lui-même; et M. Rives, aujourd'hui conseiller à la Cour de cassation, qui était à cette époque le secrétaire du comité de rédaction du journal, est là pour affirmer le fait, si l'abbé osait aujourd'hui ne pas le reconnaître (1).

A.-M. MADROLLE.

Cet article est effectivement assez curieux pour ne pas nous borner à en donner simplement l'indication. Nous le reproduisons ici, afin qu'on puisse en comparer l'esprit avec celui des « Paroles d'un croyant ».

« La Manifestation de l'Esprit de vérité ». Tel est le titre d'un écrit publié récemment, sans nom de lieu, ni d'imprimeur. Il se compose de différentes parties intitulées « l'Esprit de vérité; — le vrai Disciple; — le vrai Disciple à ses amis; — les Écritures; — le vrai Disciple aux nations chrétiennes; — l'accomplissement de l'Évangile; — l'Esprit de vérité aux hommes frères; — l'Esprit de vérité aux politiques; — la Communauté; — l'Esprit enseigne un nouveau temps; chacun de ces discours est signé *Alexis Dumesnil* ».

« M. Dumesnil enseigne une doctrine *si étrange, qu'à moins d'une mission particulière*, il serait difficile d'excuser le zèle qu'il met à la répandre; aussi se déclare-t-il inspiré ». Après m'avoir ôté du monde, dit-il, l'Esprit m'a conduit dans toute la vérité, afin que je puisse appeler les hommes à leur enseigner ce que j'ai appris moi-même. Je dis ce que l'Esprit me révèle, et je ne dis pas autre chose ».

---

(1) Cet écrit a été réimprimé dans le premier recueil des « Mélanges religieux et philosophiques » de l'auteur, 1819, pag. 468-72.

« Or, l'Esprit lui a révélé que « les riches et les grands sont en abomi-
nation devant Dieu » ; que le *Christ* était pénétré d'une profonde horreur
pour les riches et les prêtres ; que la parole de Dieu, en abolissant l'esclavage, a anéanti le principe même de la *propriété*. Là où l'on peut se dire
ce champ est à moi, la terre m'appartient, l'homme n'est-il pas toujours
l'ennemi de l'homme, son maître et son tyran ? L'indépendance et l'égalité
en sont bannies, et, par conséquent la justice. Il n'y a *ni maître, ni pontife*,
ni ordonnances humaines, ni cérémonies pour le disciple de la vérité. Ne
vous étonnez donc point de la *haine* que manifestent actuellement les peuples
contre les mœurs et les institutions anciennes, puisque c'est l'effet même
de la parole de vérité et l'accomplissement de l'Évangile. Peuples ! ne
craignez pas d'entendre toute la vérité ; la vérité n'est-ce pas Dieu même ?
Ah ! redoutez plutôt cet esprit d'erreur qui a fait les riches, et les *puis-*
sants, et les prêtres, et qui mène à la suite le fanatisme et la servitude.
Que sert d'attaquer un mensonge, quand tout est mensonge ; un vice, quand
tout est vice et corruption ? Ce sont les riches et les superbes, c'est le sacerdoce, c'est la justice du monde, c'est le monde tout entier que l'éternelle vérité promet d'anéantir. Dieu a condamné le monde, et moi, je vous
le montre où il est, dans vos lois, dans vos institutions. *Toute richesse,*
toute puissance individuelle est contraire à la loi de Dieu. Gouverner, c'est
détruire. Si vous demandez que les riches et les grands soient détruits, ils
le seront.... »

Alexis DUMESNIL.

« Je me lasse de transcrire *ces abominables folies*. Il est bon cependant de
montrer *jusqu'où* les esprits s'emportent, quand ils ont brisé leur frein, et
qu'ils ne connaissent plus de règles hors d'eux-mêmes. *Renversez l'auto-*
rité, aussitôt la raison s'éteint ; il ne reste qu'un aveugle et sombre fanatisme. Les uns, en rejetant l'autorité divine, détruisent la Société et
l'Homme même ; les autres, *sous prétexte de rejeter l'autorité humaine*, anéan-
tissent la Religion, et *finissent par nier tout, même Dieu*. Les doctrines les
plus opposées en apparence se confondent dans leurs effets, elles s'allient
pour dévaster, et marchent ensemble contre la vérité qui les repousse également. Ainsi la communauté des biens, ou *l'abolition de la propriété, que*
Diderot et Babeuf prêchaient au nom de l'athéisme, M. Dumesnil les ré-
clame au *nom de l'Évangile* et de Jésus-Christ ».

« Et parce que cet homme est *un insensé*, il ne faut pas croire que ses
maximes soient sans conséquences. *D'autres insensés* les répandent en Angleterre, où elles font des progrès parmi le peuple. Madame Krudner les
sème en Allemagne ; elles y germeront, qu'on n'en doute pas, et porteront
un jour des fruits sanglants. *Jamais on ne provoqua vainement les passions*
de la multitude ».

« Des fanatiques d'un autre genre se nourrissent d'idées semblables ;
elles influent sur les gouvernements même, elles deviennent une partie de
leur politique. L'indifférence absolue des religions établies par les lois
tend à détruire tout culte. Les *principes démocratiques*, introduits dans ces
mêmes lois, *tendent à détruire toute grandeur sociale*. D'immenses confis-
cations ont ébranlé le droit de propriété ; et, en favorisant à l'excès la division des terres, on prépare le moment où, appartenant à tout le monde,

elles n'appartiendront *à personne*. Plus les propriétés sont divisées, plus elles changent de mains, et peut-être ne faudrait-il pas morceler le sol beaucoup davantage, pour que, les droits de mutation et l'impôt foncier absorbant tous-les revenus, l'État fut par le fait seul propriétaire. »

« Les passions les plus exaltées se joignant à tant de causes de désordre, personne ne peut dire quels destins Dieu réserve à la Société. Les doctrines religieuses, morales et politiques, les lois et les institutions qu'elles avaient consacrées, formaient comme un vaste édifice, demeure commune de la grande famille européenne. *On a mis le feu à cet édifice.* Les peuples s'entre-regardent à la lueur de l'incendie, et, agités d'un sentiment inconnu, attendent avec anxiété un avenir plus inconnu encore »,

F. de LA MENNAIS.

Ainsi s'exprimait M. de La Mennais, en 1819, à l'occasion d'un livre de socialiste précoce ; mais l'année 1834 n'était pas encore venue, et avec elle les fameuses « Paroles d'un croyant », dans lesquelles l'auteur devait renier ses opinions de 1819, et renchérir sur les *abominables folies* de M. Alexis Dumesnil.

« On conçoit qu'après avoir ainsi parlé, en 1819, l'abbé ait fait, six ans après, à l'occasion du 21 janvier, un article dans le « Drapeau blanc » (sitôt devenu le Drapeau rouge), que nous voudrions encore pouvoir reproduire tout entier, et où il s'écrie : « Qu'elle est haute la condition des rois ! » Le souverain qui laisse mettre son autorité en litige l'abandonne... Ce n'est pas sous la Convention, mais sous les États-Généraux (beau titre pour les élections de 1834 !) que la monarchie périt en France...... Le Christianisme a créé la Royauté, elle est un de ses bienfaits. Il a élevé le pouvoir, il l'a *divinisé*... Hors le Christianisme, il y a des maîtres que l'on *hait*. (A ce train, vous êtes assez hors le Christianisme aujourd'hui !) — La Royauté est le *seul* état *durable*, le *seul* même qui soit *possible* aujourd'hui. — La Société croule quand la Royauté est abattue. — La Royauté et le sacerdoce sont *divins* dans leur origine (c'est, ce me semble, le *Droit divin*, aujourd'hui abhorré, ou il n'en fut jamais).... L'on est roi, comme on est prêtre.... Un roi est le ministre de Dieu.... Et voilà ce qui fit de la mort de Louis XVI une calamité telle, qu'aucune nation n'en éprouva de semblable... (sauf la nation anglaise, pourtant, qui sacrifia Charles Ier). Les souverains, en abandonnant *une partie* (vous voulez aujourd'hui qu'ils abandonnent tout), ne réussissent qu'à irriter des désirs à demi satisfaits, et à légitimer les factions..... Le pouvoir est tout ensemble la raison, la volonté, la force de la Société ; il est *indivisible* par son essence.... Chefs de nations, c'est à vous que la voix du sang de Louis XVI s'adresse ; et que dit-elle ? Tout en un seul mot : *Soyez rois !* » Malheureux sujet, vous ne leur permettez même pas aujourd'hui d'être roi-citoyens ! Et qui sait, si vous ne direz pas un jour, comme nous ne savons quel régicide : « Un roi mort n'est pas un homme de moins...... »

« A quelques pages de là enfin, nous lisons dans les « Mélanges » que l'auteur a publiés en 1826, un article intitulé, à toutes pages : LIBERTÉ, lequel n'est autre chose qu'une philippique violente contre cette LIBERTÉ devenue aujourd'hui son Dieu, et dont nous ne voudrions que cette propo-

sition pour pulvériser les « Paroles d'un croyant » : « Chacun n'étant libre
que dans la Société, et nulle Société ne pouvant exister sans Pouvoir, il
s'ensuit que le Pouvoir est la première condition de la Liberté. » — Or,
« dans l'état parfait de la Société, le Pouvoir est UN. » — Malheur aux
nations divisées ! — Nous dirons, nous, seulement, malheur aux *divi-
seurs* (1) ! »

CXLIII. Sur un ouvrage intitulé : « Réponse aux Quatre concordats », de M. de Pradt, ancien archevêque de Malines, par
M. l'abbé Clausel de Montals, prédicateur ordinaire du roi. (1819).

Réimprimé dans le premier recueil des « Mélanges religieux et philosophiques » de l'auteur, 1819, aux pages 473-82.

CXLIV. Sur un ouvrage intitulé : « Exposition de la doctrine
de Leibnitz sur la Religion ; suivie de Pensées extraites du même
auteur » ; par M. Emery, ancien supérieur-général de Saint-Sulpice.
(1819).

Réimpr. dans le premier recueil des « Mélanges religieux et philosophiques » de l'auteur, 1819, aux pages 483-95.

CXLV. Ouvrages ascétiques (des).

Réimprimé dans le premier recueil des « Mélanges religieux et philosophiques » de l'auteur, 1819, aux pages 514-518, et dans les Nouveaux
(seconds) Mélanges, 1826.

CXLVI. Sur un ouvrage intitulé : « Du Pape », par M. le
comte de Maistre. (1820).

Morceau qui ne forme pas moins de 61 pages. Il a été réimprimé dans les
Nouveaux (seconds) *Mélanges* de l'auteur, 1826.

CXLVII. Sur la « Journée du chrétien ». 1820.

Morceau imprimé d'abord à la tête de la « Journée du chrétien », qui
fait partie de la « Bibliothèque des dames chrétiennes », et reproduit ensuite dans les *Nouveaux* (seconds) *Mélanges* de l'auteur, 1826.

CXLVIII. Sur un ouvrage intitulé : « Mémoires, Lettres et
Pièces authentiques touchant la vie et la mort de S. A. R. monseigneur Charles-Ferdinand d'Artois, fils de France, duc de Berri »,
par M. le vicomte de Châteaubriand. (1820).

Réimpr. dans les *Nouveaux* (seconds) *Mélanges* de l'auteur, 1826.

---

(1) Écrit en 1834, par M. A.-M. Madrolle, dans son « Histoire secrète du
parti et de l'apostasie de M. de La Mennais, etc. », et imprimé pag. 125-26 de
cet ouvrage, etc.

CXLIX. Sur les Pères de l'Église. 1821.

Morceau imprimé à la tête de la « Doctrine chrétienne tirée des Pères »,
faisant partie de la « Bibliothèque des dames chrétiennes », et réimprimé
dans les *Nouveaux* (seconds) *Mélanges* de l'auteur, 1826.

CL. Sur les « Confessions de saint Augustin ». 1821.

Imprimé d'abord à la tête des « Confessions de saint Augustin », qui font
partie de la « Bibliothèque des dames chrétiennes », puis réimprimé dans
les *Nouveaux* (seconds) *Mélanges* de l'auteur, 1826.

**CLI. De la Justice du dix-neuvième siècle, par M. Laurentie.
(1823).**

Réimpr. dans les *Nouveaux* (seconds) *Mélanges* de l'auteur, 1826.

**CLII. Sur l'Histoire véritable des Momiers de Genève, suivie
d'une Notice sur les momiers du canton de Vaud ; par un témoin
oculaire. (1823).**

Réimpr. dans les *Nouveaux* (seconds) *Mélanges* de l'auteur, 1826.

**CLIII. Défense de la vénérable compagnie des pasteurs de Ge-
nève, à l'occasion d'un écrit (de M. Nachon) intitulé : « Véritable
histoire des Momiers ». Genève, 1er mai 1824, in-8.**

Signée C. P. Cet écrit satirique a été réimprimé dans le mois de juillet
du « Mémorial catholique », et depuis, dans les *Nouveaux* (seconds) *Mélanges* de l'auteur, 1826.

Au bas de la première page, on lit cette note : « Cette *Défense*, supposée
écrite par un protestant, représente, avec une extrême fidélité, l'état actuel du Protestantisme sous le rapport des doctrines. On défie la *vénérable
compagnie des pasteurs de Genève* de désavouer aucun des principes qu'on
lui attribue, et d'en opposer d'autres aux *momiers* ». La « Revue protestante » convient elle-même que le Protestantisme consiste dans le *droit
d'examen* conçu selon sa plus grande extension. C'est beaucoup que d'a-
voir obtenu un pareil aveu, d'où il résulte que le Protestantisme *n'est point
une Religion*, mais *l'amas incohérent de toutes les pensées qui peuvent monter
dans l'esprit de l'Homme* ».

**CLIV. Examen impartial de l'avis du conseil d'État, touchant la
lettre pastorale de M. le cardinal de Clermont-Tonnerre. Paris, au
bur. du « Mémorial catholique », 1824, in-8 de 37 pages (Anon.).**

Cet *Examen* ou ces Réflexions étaient destinées à paraître dans un recueil périodique, pour rendre compte de l'ouvrage intitulé « Des Appels
comme d'abus, et de l'usage qu'en a fait le conseil d'État, au sujet d'une
Lettre pastorale de Mgr le cardinal de Clermont-Tonnerre », par un
ecclésiastique (le P. Tabaraud, ancien oratorien) ; leur étendue n'ayant

pas permis de les y insérer, nous les publions séparément sans en changer la forme. *Avis en tête de la première page de cet écrit.*
Nous n'avons retrouvé cet écrit dans aucun des trois volumes de « Mélanges » de l'auteur.

CLV. Lettre au rédacteur du « Mémorial catholique » en réponse à la « Revue protestante ». Septembre 1825.

Réimprimé dans les troisièmes *Mélanges* de l'auteur, 1835.

CLVI. Sur une nouvelle traduction de la Bible, par M. Genoude.

Réimpr. dans les *Nouveaux* (seconds) *Mélanges* de l'auteur, 1826.

CLVII. (Sur la) « Restauration de la science politique », par
M. de Haller.

Réimpr. dans les *Nouveaux* (seconds) *Mélanges* de l'auteur, 1826.

CLVIII. Sur une attaque dirigée contre M. l'abbé de La Mennais et le « Mémorial catholique ».

A l'occasion de deux réfutations de « l'Essai sur l'indifférence en matière
de religion », par l'abbé Flottes, examinées dans le « Journal des Débats »,
par M. l'abbé A.
Réimprimé dans les troisièmes *Mélanges* de l'auteur, 1835.

CLIX. Lettre de M. l'abbé F. de La Mennais (au rédacteur du
« Mémorial catholique ») sur les attaques dirigées contre lui à l'occasion de son dernier ouvrage ; suivie d'une Réponse à l'ouvrage
intitulé : « Antidote contre les Aphorismes » de M. L. M. (de
M. l'abbé P.-D. Boyer, alors directeur du séminaire de Saint-Sulpice). (Extrait du « Mémorial catholique »). Paris, au bureau du
« Mémorial », 1826, in-8 de 44 pag.

Réimpr. dans les troisièmes *Mélanges* de l'auteur, 1835.

CLX. Lettre au rédacteur de la « Quotidienne » (à l'occasion
du mandement de l'archevêque de Paris sur la mort de Léon XII
et sur l'ouvrage de M. de La Mennais, intitulé « Des Progrès de la
Révolution... »). La Chenaie, le 27 février 1829.

Réimpr. dans les troisièmes *Mélanges* de l'auteur, 1835.

CLXI. Sur l'Histoire des anciens peuples italiens, de Micali.
Études littéraires. — Impr. dans la « Revue des Deux-Mondes »,
II° série, 15 mai 1833.

CLXII. Lettre au rédacteur du « Mémorial catholique » (à l'occasion d'un article de la « Revue protestante » où M. de La Mennais traitait les protestants de Jacobins).

Réimprimé dans les troisièmes *Mélanges* de l'auteur, 1855.

Les violentes attaques réitérées de M. de La Mennais contre les Protestants valurent à leur auteur l'épigramme suivante, due à l'un de nos poètes les plus spirituels (1) :

Après avoir décrit quelques erreurs et folies des Protestants, le poète indigné répond au prêtre :

> Avec quel art perfide , exploitant ces malheurs,
> Ta haine parmi nous en cherche les auteurs,
> Et se plait à guider la royale vengeance
> Vers ces fils de Calvin , dont le repos t'offense !
> De quel soin, réveillant nos vieilles passions,
> Tu comptes leurs forfaits et leurs rébellions !
> Imprudent ! si le crime a souillé leur querelle,
> Ta secte, en ses fureurs, fut-elle moins cruelle ?
> Vit-on le calviniste, au pied de ses autels,
> Armer les Ravaillac, les Clément, les Chatels ?
> A-t-il, pour engloutir un sénat et son maître (2)
> Sous les voûtes d'un cloître, entassé le salpêtre ?
> Et pour perdre un César qu'un prêtre avait proscrit,
> Mêla-t-il le poison au sang de Jésus-Christ (3) ?

Viennet, Épître à l'abbé de La Mennais.

CLXIII. Sur la Profession de foi de l'Église catholique française, précédé de l'Esprit de l'Église romaine ou de l'Éducation antinationale des séminaires. 19 avril 1831.

Article de « l'Avenir », reproduit dans le t. II des *Mélanges catholiques* (1831, 2 vol. in-8), et dans les troisièmes *Mélanges* de l'auteur, 1835.

-----

(1) Un écrivain religieux, M. Madrolle, a pris plus tard la mission de défendre les Protestants contre le zèle factice de M. de La Mennais, dans son « Histoire secrète du parti et de l'apostasie de M. de La Mennais » (1835), en disant : Que dans un séjour qu'il a fait à Genève au mois d'octobre 1834, pendant lequel il a eu des conférences avec les plus célèbres pasteurs, il a prédit et cherché à prouver rationnellement à M. Chenevière, qui ne manquera point de se le rappeler, que l'abbé La Mennais était bien moins catholique que lui, M. Chenevière, qu'il avait injustement accusé d'incrédulité. — Dans ses « Considérations sur le système philosophique de M. de La Mennais », le P. Henri Lacordaire, son ancien disciple, a établi que le système philosophique de M. de La Mennais renferme le plus vaste protestantisme qui ait encore paru.

(2) La conspiration des poudres, qui fit pendre les deux jésuites Garnet et Oldecorne, fut découverte à Londres, le 5 novembre 1605.

(3) Henri VII, empereur d'Allemagne, excommunié par le Pape, fut empoisonné par un Jacobin, avec le vin de la communion.

VII. HISTOIRE.

CLXIV. Notice historique sur les Manichéens.

Imprimée d'abord avec la traduction des « Confessions de saint Augustin » (1821), qui forme les t. XVII et XVIII de la « Bibliothèque des dames chrétiennes », et réimprimée, ensuite, dans une nouvelle édition de la traduction du même ouvrage. Paris, Charpentier, 1841, in-18, format anglais.

CLXV. Traditions des sauvages de l'Amérique septentrionale.

Réimprimé dans les troisièmes *Mélanges* de l'auteur, 1835.

VIII. M. DE LA MENNAIS JOURNALISTE.

CLXVI. Avant 1830, M. F. de La Mennais a coopéré à beaucoup de journaux religieux et politiques, tels que le « Conservateur » dont il fut l'une des premières colonnes (1818) ; le « Défenseur », le « Drapeau blanc », le « Mémorial catholique », la « Quotidienne », tous journaux ultramontains et du droit divin. « Ses di-« vers articles ont tous été dictés par cette ardeur de zèle, et cette « supériorité de talent qui ne souffrent guère de comparaison : mais « il nous semble cependant que l'auteur a trop voulu, dans quel-« ques uns de ses écrits, combattre l'esprit démocratique par l'a-« ristocratie, l'incrédulité par l'intolérance ; les horribles maximes « de la Révolution par les innovations qui ne seraient pas sans dan-« ger, les monstruosités enfin du dix-huitième siècle par les para-« doxes du quinzième. Il nous paraît aussi avoir trop confondu « *l'autorité en elle-même et prise dans sa source*, laquelle très cer-« tainement vient de Dieu, créateur et conservateur de toute so-« ciété humaine, avec l'*exercice de cette même autorité*, que le « Très-Haut a incontestablement laissé à l'arbitrage des peuples, « aux différents gouvernements desquels (sauf l'anarchie et le des-« potisme, qui ne sont que la privation de tout ordre politique), « la religion catholique applique elle-même son sceau vivifiant et « divin dès qu'ils sont une fois établis ».

Ainsi s'exprimait, en 1824, un savant et respectable prêtre, compatriote du fameux abbé de La Mennais, l'abbé F.-G.-P.-B. Manet, auteur de la « Biographie des Malouins célèbres ». M. Manet n'avait point à s'occuper de son compatriote dès 1826, car alors il est à présumer qu'il eut été moins indulgent pour lui.

Il est vrai que M. l'abbé Manet met en note du passage que nous venons de citer une opinion, en faveur du droit divin, depuis longtemps repoussé par M. de La Mennais lui-même, mais n'en faisant pas néanmoins la censure du prêtre apostat qui, après s'être fait plus papiste que le Pape, a été plus tard plus sans-culotte que le *voyou* :

« Ce serait une grande erreur de penser que les monarchies constitutionnelles, plus que les monarchies absolues, reposent essentiellement sur le dogme absurde et impie de *la souveraineté du peuple*, et sur ce pacte mesquin et imaginaire qu'ont rêvé les philosophes du dix-huitième siècle. Les unes et les autres sont basées sur la loi éternelle de celui qui nous a fait dire par son apôtre (*Rom.*, 13, v. 1, etc.) : « Qu'il n'y a point de puissance qui ne vienne *de Dieu*; que c'est lui qui a établi toutes celles qui sont sur terre; qu'ainsi, s'opposer à ces puissances, c'est résister à l'ordre du Très-Haut même », qui les fait toutes parvenir au degré où elles sont, ou par sa volonté expresse lorsque les moyens d'y arriver sont légitimes, ou du moins par sa permission lorsqu'il y a quelque chose d'injuste et de vicieux dans ces moyens ; en un mot, que le *prince*, dans sa haute magistrature, n'est pas *le ministre du peuple*, mais *le ministre de Dieu*, *tant pour favoriser dans le bien, que pour exécuter sans vengeance contre ceux qui font mal.*

Biogr. des Malouins célèbres, p. 246-47.

Dans les quatre journaux que nous avons cités, M. F. de La Mennais avait poursuivi, avec persévérance, la mission réformatrice qu'il s'était imposée, en faveur de l'unité catholique et de l'autorité papale.

Jusque là l'administration, bien que mécontente de la chaleur de sa controverse, avait bien voulu ne la considérer que comme spéculative. Mais lorsque, en 1823, il s'avisa d'attaquer, dans plusieurs articles insérés au *Drapeau blanc*, M. Frayssinous, grand-maître de l'Université, sur la plainte de celui-ci, ou du moins à son instigation, les tribunaux s'en mêlèrent. Ce premier procès de l'auteur de « l'Essai sur l'indifférence » émut vivement la curiosité publique. On s'évertuait en conjectures sur la manière dont le ministère pourrait s'y prendre pour faire justice au corps universitaire, sans attaquer directement un homme du talent, du caractère et du rang de l'abbé de La Mennais. L'on n'était pas moins inquiet de savoir quelle serait l'attitude de ce fameux accusé, surtout depuis que paraissant relever avec fierté le gant que lui jetait son puissant adversaire, il avait écrit ces mots : *eh bien ! l'on verra ce que c'est qu'un prêtre !* Cependant l'attente publique fut doublement trompée, et M. de La Mennais, profitant du bénéfice de la législation qui admet des éditeurs responsables, laissa tomber l'arrêt du tribunal sur le sieur Pessou de la Maison-Neuve, éditeur du « Drapeau blanc », qui se défendait pourtant d'une manière assez péremptoire en alléguant que l'article incriminé était signé en toutes lettres du nom de l'auteur. A la vérité la peine encourue par cet éditeur se borna à quinze jours de prison et à cent cinquante francs d'amende. Pour cette amende, quelque légère qu'elle fût, le peu intéressé M. de La Mennais, n'en persista pas moins à se soustraire, aux dépens d'un autre, aux conséquences de ses hardies manifestations. Dans l'article qui motiva cette condamnation, on lisait entre autres passages qui semblaient empreints de l'exagération la plus violente, les lignes mensongères que voici :

« Il existe en France des maisons soumises, d'une manière plus ou moins di-
« recte, à l'Université, et où les enfants sont élevés dans l'athéisme pratique
« et dans la haine du Christianisme : dans un de ces horribles repaires du
« vice et de l'irréligion, on a vu trente élèves aller ensemble à la table sainte,
« garder l'hostie consacrée, et en cacheter les lettres qu'ils écrivaient à leurs
« parents ». On y lisait encore qu'une « race impie, dépravée, révolution-
« naire, se forme sous l'influence de l'Université ». Malgré l'issue du procès dont nous venons de parler, M. de La Mennais n'échappa point complétement aux effets du ressentiment qu'il avait provoqué, et il fut frappé
dans la personne d'un frère qu'il aime tendrement. Ce dernier, M. J.-M. de
La Mennais, alors vicaire de la Grande-Aumônerie, fut destitué à cette occasion (1). Quoi qu'il en soit, Rome gardait à l'éloquent défenseur de l'unité
catholique et de l'autorité papale de flatteurs dédommagements ; en effet,
dans un voyage qu'il fit l'année suivante (1824), à la capitale du monde
chrétien, il fut accueilli et fêté comme aurait pu l'être un homme de la
première distinction dans la hiérarchie. On a été jusqu'à dire que le Pape
lui offrit le chapeau de cardinal, qu'il ne put lui faire accepter; et cet
exemple d'une grandeur d'âme toute chrétienne ne surprit pas ceux qui
se souvinrent que sous le ministère de M. Decazes, M. l'abbé de La Mennais avait déjà refusé un évêché! Qui connaît l'orgueil, l'ambition démesu-
rée et l'intérêt de ce prêtre, ne croira point à cette assertion. Il est pourtant vrai, qu'après la soumission apparente de M. de La Mennais au Saint-
Siége, en 1833, « le généreux, le confiant archevêque de Paris était allé
jusqu'à offrir au prêtre renouvelé des lettres de grand-vicaire, qu'il re-
fusa. L'infidèle avait déjà dit dans son cœur : Il n'y a point de prêtre! On
a dit aussi « qu'en 1823, il avait été sur le point d'être nommé député par
un arrondissement dans la province de Bretagne; mais nous garantissons
d'autant moins l'authenticité du fait, que les conditions du cens et de
l'âge, qui manquaient à M. de La Mennais, le rendent peu vraisemblable ».
Disons pourtant encore pour combattre l'une de ces deux dernières as-
sertions que M. de La Mennais est né en 1782; qu'en 1823 il avait qua-
rante-un ans, et qu'à cette époque il avait largement l'âge d'éligibilité.
« M. de La Mennais a successivement écrit dans tous les journaux de-
« puis 1814. Après 1830, il en a fondé, acquis, vendu et fondé de nouveau
« plusieurs : c'est de là qu'est venue sa renommée, et même sa ruine ».
Après 1830, le prêtre ultramontain ayant ajouté une seconde qualité à
la première, celle de démagogue, non seulement ne se borna plus à écrire
dans les journaux religieux, mais il écrivit encore dans les journaux

---

(1) « L'abbé de La Mennais n'a jamais accepté ni demandé aucune fonction
« du Gouvernement. L'indépendance est la compagne du génie » (Biographie
de l'abbé de La Mennais, par l'abbé Gerbet). — Les apôtres du désintéresse-
ment du clergé et de la séparation de l'Église et de l'État, devaient donner, ce
semble, une meilleure raison que celle-là. Quoi qu'il en soit, le frère Félix était
parvenu à introduire le frère Jean à la Grande-Aumônerie; et telle fut un moment la puissance de la coterie, que le directeur de la police lui-même venait
à bout d'empêcher l'impression d'un ouvrage de l'abbé Baston contre elle.

profanes et même révolutionnaires. Il fonda, en 1830, le journal « l'A-
venir » (16 octobre 1830, — 3 novembre 1831) dont les doctrines subversives furent attaquées par tous les amis de nos libertés gallicanes.

Seize propositions des articles de ce journal ont été censurées par les autorités ecclésiastiques et confirmées par le Saint-Siége. La plupart des articles où ces propositions sont contenues ont été rassemblées dans les
« Mélanges catholiques » (Paris, 1831, 2 vol. in-8). Il faut pourtant observer que certains articles de « l'Avenir » que l'autorité ecclésiastique a
cru dignes de censure, ou ne se trouvent pas dans ce recueil, ou y ont été
essentiellement altérés, quoique son titre annonce des extraits de « l'A-
venir », et que les éditeurs déclarent dans la préface, que c'est « là ce
« qu'ils ont fait, qu'ils ne le cachent à personne ; qu'on n'aura pas de peine
« de chercher çà et là leurs pensées pour les leur reprocher ». (*Censure*,
page iv.)

En 1833, il écrivit dans la « Revue catholique »; de 1833 à 1838 il
fournit à la « Revue des Deux-Mondes » quelques articles de politique, et surtout les premiers fragments de ses « Paroles d'un croyant »,
détestable et dangereux ouvrage qui lui valut de la part des critiques
modérés, le nom de Condorcet ecclésiastique. Du 10 février au 1 juin
1837, il fournit des articles au journal « le Monde ». Il prit aussi part
à la rédaction d'un recueil fondé par l'un des hommes qui a le plus mis
la France en péril, par ses dangereuses utopies, M. Louis Blanc, la
« Revue du progrès politique, social et littéraire » (1er juin 1839). Enfin, lorsqu'après avoir jeté le froc aux orties, notre abbé eut pris le parti
de se faire l'apôtre de la démagogie la mieux prononcée, il fonda ce
qu'il a intitulé, sataniquement, « le Peuple constituant » (1848).

M.-de La Mennais n'est pas homme à laisser une page se perdre dans un
recueil soit religieux ou politique. Il sait qu'avec des pages, on fait des
feuilles, et avec des feuilles des volumes, qu'une classe de lecteurs achète.
Or, il faut qu'on le sache, M. de La Mennais est son propre marchand ;
les libraires ne sont que ses commis, sauf pour « l'Imitation de Jésus-
Christ » dont il a aliéné la propriété pour six ans ; aussi est-on sûr de
trouver reproduit dans l'un ou l'autre des trois volumes de ses « Mélan-
gés », dans les « Mélanges catholiques » et dans plusieurs autres petits
recueils à l'usage de ce bon peuple qu'il aime tant, parce qu'il achète ses
anarchiques rêveries, tous les articles qui ont été publiés dans les journaux, depuis et y compris le « Conservateur » jusqu'au « Peuple constituant », distance énorme !

Nos lecteurs ne liront pas sans intérêt les adieux qu'à deux époques différentes le prêtre journaliste a adressés à ses abonnés ; les premiers,
comme ultramontain, renfermant un appel aux catholiques à la révolte, et
les derniers, comme démagogue en surplis, un autre appel à l'écume de
la société française contre le Gouvernement accepté par les gens honnêtes.

Suspension de « l'Avenir », 15 novembre 1831. N° 28.

« Les catholiques ont commencé, depuis un an, un grand combat, qui fi-
nira s'ils persévèrent, par le plus beau triomphe qui ait jamais été accordé

à des efforts humains. Le monde leur devra la liberté, non pas cette liberté menteuse et destructive qu'on suit à la trace du sang, et qui, après d'horribles dévastations, aboutit à planter un sabre sur des ruines ; mais une liberté réelle, fondée sur le respect des droits, inséparable de l'ordre, pure comme le ciel où elle recevra 'son dernier développement, sainte comme Dieu, qui en a gravé l'ineffaçable désir dans le cœur de l'Homme. Alors, et alors seulement, le Christianisme, dégagé des nuages qui le voilent, apparaîtra de nouveau à l'horizon de la Société comme l'astre qui l'éclaire, l'échauffe, la vivifie, et les peuples, tournant vers lui leurs regards, accompagneront sa course magnifique de leurs chants de joie et des hymnes sans cesse renaissants de leur amour. Car il ne faut pas s'y méprendre, si la foi languit, si la Religion n'inspire à plusieurs qu'un superbe dédain ou une pitié amère, c'est que là où les gouvernements la tiennent sous leur dépendance, elle a perdu dans la servitude son caractère natif de grandeur et tout ensemble cette fécondité qui, s'épanchant en bienfaits inépuisables, suivait, en quelque sorte, dans leurs plus secrètes voies, nos misères pour les réparer ; c'est qu'impuissante à défendre les droits que Jésus-Christ a rendus aux fils d'Adam dégénérés, au lieu de rétablir sur leur front le sceau divin, elle semble elle-même, sous les fer qui la dégradent, porter l'empreinte de leur faiblesse et de leur caducité. En la voyant telle qu'ils l'ont faite, ou telle qu'ils ont souffert qu'on la fît les hommes ont rougi de cette œuvre de l'Homme.

. Mais que les catholiques ne l'oublient point, ce n'est pas en un jour qu'ils briseront ces vieilles chaînes. Partout la puissance humaine les serre convulsivement dans sa main, persuadée qu'elle ne peut vivre, si la pensée, si la conscience est libre. Mais cette main se lassera, déjà ses forces s'épuisent ; et c'est pourquoi le pouvoir, pressentant la fin de son insolente domination sur ce qui n'a pas été soumis à son empire, tend, si l'on peut dire, tous ses muscles pour retenir ce qui lui échappe, et perpétuer sa tyrannie par un effort désespéré. De là ce qui se passe en France. Le ministère travaille à réaliser de fait la Constitution civile du clergé, en s'y substituant à la place du peuple dans la nomination des évêques et des curés. Il cherche à s'emparer de l'administration temporelle des séminaires, en attendant qu'il envahisse l'administration spirituelle, par le choix qu'il s'attribuera des directeurs et des professeurs. Et il ne s'arrêtera pas là : M. de Montalivet, dans son ivresse de despotisme, ne se croit-il pas autorisé à désigner les livres de religion dont on devra faire usage dans les écoles primaires du monopole! Il s'est mis dans la tête qu'en France tous les enfants lui appartenaient, que c'est à lui, à lui seul de régler leur foi, de former leur intelligence, afin de les rendre à la patrie purs de toute *superstition*, et l'on sait ce que ce mot signifie dans sa bouche. Les mêmes précautions, n'en doutez pas, seront prises pour tous les degrés de l'enseignement. On remontera jusqu'aux évêques ; car il faut aller jusqu'à eux pour en finir avec la *superstition*. Déjà dépouillés du droit de nommer des vicaires-généraux, des chanoines, des curés qui aient leur confiance, on essaiera de leur dicter leurs mandements, leurs circulaires, leurs lettres pastorales. Esclaves jusque dans l'intérieur même de leurs églises, on les forcera, lorsqu'on le trouvera bon, à les déserter pour faire place à des schismatiques ; et puis après les avoir souillées par mesure de police, on leur dira froidement : Rentrez, nous vous le permettons. Le ministre prescrira jusqu'aux détails du culte ; on priera, ou l'on ne priera pas à telle heure ou à telle autre heure, selon qu'il lui plaira de l'ordonner. Que sais-je, enfin ? et je ne dis pas ce qui sera ; je dis ce qui est, je raconte ce que la France a sous les yeux, ce qui soulève d'indignation quiconque a un cœur d'homme. Non, non, les catholiques n'accepteront pas le joug infâme qu'on tente de leur imposer ; ils broieront cette tyrannie, et dans sa poussière ils planteront la liberté qui sera leur salut et le salut du monde. Trop longtemps ils se sont courbés sous la verge de leurs oppresseurs, trop longtemps ils ont dormi du sommeil de l'esclave : que leur réveil marque dans l'Histoire une époque aussi glorieuse que le règne de leurs tyrans est exécrable et flétrissant pour l'humanité. Lorsque leur voix hardie, puissante, s'élèvera comme la tempête qui frappe les créneaux d'une antique prison, elle pénétrera là où reposent les vieux héros chrétiens ; et dans la tombe où ils descendirent usés de travaux et de combats, leurs ossements s'agiteront.

« Et nous qui disons ceci, nous qui appelons nos frères, de toute la force de notre amour pour la plus sainte des causes, à la défense de ce qui leur est, comme à nous, plus cher mille fois que la vie, est-ce donc que nous délaisserions cette cause sacrée? Que Dieu nous préserve d'une telle honte! Si nous nous retirons un moment, ce n'est point par lassitude, encore moins par découragement ; c'est pour aller, comme autrefois les soldats d'Israël, *consulter le Seigneur en Silo* (1). On a mis en doute notre foi et nos intentions mêmes, car, en ce temps-ci, que n'attaque-t-on point? Nous quittons un instant le champ de bataille, pour remplir un autre devoir également pressant. Le bâton du voyageur à la main, nous nous acheminerons vers la chaire éternelle ; et là, prosternés aux pieds du pontife que Jésus-Christ a préposé pour guide et pour maître à ses disciples, nous lui dirons : O père, daignez abaisser vos regards sur quelques uns d'entre les derniers de vos enfants qu'on accuse d'être rebelles à votre infaillible et douce autorité : les voilà devant vous ; lisez dans leur âme, il ne s'y trouve rien qu'ils veuillent cacher ; si une de leurs pensées, une seule, s'éloigne des vôtres, ils la désavouent, ils l'abjurent. Vous êtes la règle de leurs doctrines ; jamais, non jamais ils n'en connurent d'autre. O père, prononcez sur eux la parole qui donne la vie, parce qu'elle donne la lumière, et que votre main s'étende pour bénir leur obéissance et leur amour ».

Quant au « Peuple constituant », nº 134, portant la date du 11 juillet 1848, numéro, comme on le sait, qui portait un cadre noir à la première page, vraisemblablement en signe de deuil de la démagogie, voici deux articles qu'on lit à la première colonne :

---

(1) En termes moins poétiques et plus vrais, M. de La Mennais se sauvait pour éviter une prise de corps, comme spéculateur malheureux. Voy. la note de la page 422.

Avis. — « Le cautionnement imposé aux journaux ne nous permettant pas de continuer le nôtre, nous prévenons nos abonnés, qu'à partir de ce jour ils recevront le journal « la Réforme » à la place du « Peuple Constituant », suspendu forcément. Que nos lecteurs reçoivent avec nos frater-nels adieux, l'expression de notre reconnaissance. Leurs sympathies nous ont soutenu, encouragé dans la tâche, souvent difficile et rude, que nous nous étions imposée. Puissent-ils nous rendre ce témoignage, que nous n'avons point failli à nos devoirs ! Maintenant nous sommes dans les jours mauvais : il en viendra de meilleurs. Désespérer de la France serait un sacrilége ».

Paris, 10 *juillet.* — Le « Peuple Constituant » à commencé avec la Ré-publique, il finit avec la République. Car ce que nous voyons, ce n'est pas, certes, la République, ce n'est même rien qui ait un nom : Paris est en état de siége, livré au pouvoir militaire livré lui-même à une faction qui en a fait son instrument ; les cachots et les forts de Louis-Philippe en-combrés de 14,000 prisonniers, à la suite d'une affreuse boucherie orga-nisée par des conspirateurs dynastiques devenus, le lendemain, tout puis-sants ; des transportations sans jugement, des proscriptions telles que 93 n'en fournit pas d'exemple ; des lois attentatoires au droit de réunion, dé-truit de fait ; l'esclavage et la ruine de la presse, par l'application mons-trueuse de la législation monarchique remise en vigueur ; la garde natio-nale désarmée en partie ; le peuple décimé et refoulé dans sa misère, plus profonde qu'elle ne le fut jamais : non , encore une fois, non, certes, ce n'est pas là la République ; mais, autour de sa tombe sanglante, les satur-nales de la réaction ».

« Les hommes qui se sont faits ses ministres, ses serviteurs dévoués, ne tarderont pas à recueillir la récompense qu'elle leur destine et qu'ils n'ont que trop méritée. Chassés avec mépris, courbés sous la honte, maudits dans le présent, maudits dans l'avenir, ils s'en iront rejoindre les traîtres de tous les siècles dans le charnier où pourrissent les âmes cadavéreuses, les consciences mortes ».

« Mais que les factieux ne se flattent pas non plus d'échapper à la Justice inexorable qui pèse les œuvres et compte les temps. Leur triomphe sera court. Le passé qu'ils veulent rétablir est désormais impossible. A la place de la royauté, qui, à peine debout, retomberait d'elle-même sur un sol qui refuse de la porter, ils ne parviendront à constituer que l'anarchie, un désordre profond, dans lequel aucune nation ne peut vivre, et de peu de durée dès lors. En vain, ils essaieraient de le prolonger par la force. Toute force est faible contre le droit, plus faible encore contre le besoin d'être. Cette force, d'ailleurs, où la trouveraient-ils ? Dans l'armée ? L'ar-mée de la France sera toujours du côté de la France ».

« Quant à nous, soldats de la presse, dévoués à la défense des libertés de la patrie, on nous traite comme le peuple, on nous désarme. Depuis quel-que temps, notre feuille, enlevée des mains des porteurs, était déchirée, brûlée sur la voie publique. Un de nos vendeurs a même été emprisonné à Rouen, et le journal saisi sans aucune formalité. L'intention était claire ; on voulait à tout prix nous réduire au silence. On y a réussi par le cautionnement. Il faut aujourd'hui de l'or, beaucoup d'or, pour jouir du droit de parler : nous ne sommes pas assez riche. Silence au pauvre ! »

LA MENNAIS.

Tant de fiel entre-t-il dans l'âme des dévots !

Ajoutons, pour en finir avec la carrière de journaliste de M. F. de La Mennais, qu'après avoir semé le désordre et l'anarchie dans le « Peuple Constituant », il est allé mourir ignominieusement dans le plus plat libelle de ces temps, dans « la Réforme », dans un nouveau journal intitulé « la Révolution démocratique et sociale » (novembre 1848) et dans divers Almanachs démocratiques et socialistes!!!

IX. ŒUVRES.

CLXVII. Œuvres complètes. Paris, Cailleux, 1836-37, 12 vol. in-8; 78 fr.

Composition de cette édition : T. I à IV, Essai sur l'indifférence en matière de religion. T. V, Défense de l'ouvrage précédent. T. VI, Réflexions sur l'état de l'Église et Mélanges. T. VII, De la Religion considérée ... T. VIII (Nouveaux) Mélanges religieux et philosophiques. T. IX, Des Progrès de la Révolution. T. X, Journaux (Troisièmes Mélanges de l'auteur). T. XI, Paroles d'un croyant. T. XII, Affaires de Rome.

— Les mêmes. Paris, Pagnerre, 1844 et années suiv., 11 vol. in-18 gr. jésus vél., 38 fr. 50 c.

Comme toutes les éditions des Œuvres d'un auteur publiées de son vivant, ces deux éditions présentent deux inconvénients : d'abord de n'être pas complètes, ensuite d'être classées dans un mauvais ordre.

L'édition en 11 vol. in-18 est néanmoins plus complète que celle de 1836-37, 12 vol. in-8, qui ne renferme aucun des ouvrages et écrits publiés depuis et y compris le « Livre du peuple », c'est-à-dire de 1838 à 1844.

On peut se procurer chaque ouvrage séparément à 3 fr. 50 c. le vol.

Tous les ouvrages de M. La Mennais seront successivement publiés dans le format de cette édition, *la seule véritablement complète* pour l'époque et qui joint encore à l'avantage d'un extrême bon marché, le mérite d'une exécution typographique très soignée, d'un magnifique papier vélin superfin et d'un format dont l'élégance et la commodité ont depuis longtemps assuré le succès.

L'édition Pagnerre renferme quelques morceaux que nous n'avons pas trouvés imprimés autre part. Ainsi l'on en trouve un intitulé « Liberté d'enseignement » (à la fin du t. V) : ceux-ci : « Processions, — Sépulture, — Aumônes » (au t. VII). « Les Morts » (au t. X). Le t. XI contient les « Évangiles ».

— Œuvres choisies politiques et philosophiques. Paris, le même, 1837-41, 10 vol. in-32 sur jésus vélin.

Cette petite édition contient les ouvrages suivants que l'on peut se procurer séparément : Livre du peuple, 1 vol., 1 fr. 25 c.; — Paroles d'un croyant, 1 vol., 75 c.; — Politique à l'usage du peuple, 2 vol., 2 fr. 50 c.; — Questions politiques et philosophiques, 2 vol., 2 fr. 50 c.; — De l'Esclavage moderne, 1 vol., 75 c.; — De la Religion, 1 vol., 1 fr. 25 c. — Du passé et de l'avenir du peuple, 1 vol., 1 fr. 25 c. — Une voix de prison, 1 vol., 75 c.

X. ÉDITIONS DUES AUX SOINS DE M. DE LA MENNAIS.

(M. DE LA MENNAIS, LIBRAIRE.)

CLXVIII. Bibliothèque des dames chrétiennes (1). Paris, de l'impr. de P. Didot aîné.—A la librairie grecque-latine-allemande, puis Lesage, rue du Paon, n° 8, 1820-24, 20 vol. in-32, ornés de gravures d'après les dessins de Bouillon, 100 fr.

M. de La Mennais a fourni à cette collection plusieurs des traductions d'opuscules qui en font partie ; des préfaces, et quelques morceaux originaux, entre autres. « Uu dialogue sur le danger du monde dans le premier âge », lequel a été depuis réimprimé à part. La plus grande partie de tout ce qui lui appartient en propre a été reproduite dans l'un ou l'autre volume de ses « Mélanges ».

Voici, du reste, comment est composée cette collection :

1. Imitation de Jésus-Christ (l'), traduction nouvelle; par *E. de Genoude*,

---

(1) Un écrivain si haineux, a dit M. Madrolle, ne saurait être auteur ascétique. Il a mis son nom, mais pas son âme, ni même sa plume, à la plus grande partie des ouvrages cités par nous sous les numéros I à VII, à la Bibliothèque des Dames chrétiennes, etc. Pour nous, nous croyons que la publication de ces petits ouvrages avait moins un but pieux, que la création d'un fonds de librairie. On se rappelle qu'à l'exemple de l'abbé Ganilh, éditeur de la « Bibliothèque catholique » et de quelques autres abbés qui s'étaient faits marchands, M. de La Mennais, vers 1820, se fit libraire, en société avec M. B. de Saint-Victor, d'abord sous la raison Lesage, ensuite sous celle de Belin-Mandar et Devaux. « L'abbé de La Mennais est entré en pure perte dans toutes sortes de « spéculations, indignes, je ne dirai pas, dit M. Madrolle, du sacerdoce et de « la pure philosophie, mais de la noblesse bretonne, à laquelle il prétend ap- « partenir ». M. de La Mennais éprouva peu après un malheur plus grand et une peine plus sensible par la rupture de ses liaisons avec l'homme de lettres qui, après l'avoir entraîné dans une entreprise littéraire et de librairie, abusa de sa confiance, et compromit sa signature pour une somme qui représentait la valeur de toute la fortune de son généreux associé. La perte fut si énorme, que M. de La Mennais dut souscrire à M. Belin-Mandar des billets de commerce une seule fois pour 60,000 fr., qui ont entraîné sa condamnation, même par corps, à la requête de M. de La Bouillerie, et par contre-coup, la cessation de « l'Avenir », et la fuite à Rome. (Voy. « l'Ami de la religion » du 20 décembre 1831). On dit que M. de Saint-V., non content d'avoir si indignement trompé l'amitié de M. de La Mennais, n'a cessé de le calomnier depuis plus lâchement encore, en le représentant comme un homme odieux.

augmentée d'une Préface et de Réflexions à la fin de chaque chapitre, par M. *F. de La Mennais*. 1820, un volume avec 6 grav.

2. Combat spirituel (le); par le révérend père *D. Laurent Scupoli*, clerc religieux théatin ; suivi d'un Traité de la prière de l'âme, par le *même auteur*, traduction nouvelle par *** (*de Saint-Victor*); augmenté de Prières tirées des paraphrases de *Massillon* et d'un morceau inédit du P. *Bourdaloue*. 1820, 1 vol. avec 6 grav.

Le morceau inédit de Bourdaloue est « l'Instruction pastorale » donnée le 30 octobre 1688 à madame de Maintenon, et dont une première édition a été publiée séparément en 1819.

3. Guide spirituel (le). Voy. le nº I.

4. Journée du chrétien (nouvelle), ou Moyens de se sanctifier au milieu du monde ; par M. l'abbé *Letourneur*, prédicateur ordinaire du roi ; avec Préface, par M. l'abbé *de La Mennais*. Traduction nouvelle des Psaumes, par M. *E. de Genoude*. Traduction des prières tirées des Pères et des auteurs ascétiques, par MM. *Letourneur* et *de La Mennais*. Maximes traduites de sainte *Thérèse* ; litanies et jours tirés des OEuvres de Fénelon, etc. 1820, un volume avec 6 grav. — Volume réimprimé dès l'année suivante.

5. Discours de saint *Bernard* à sa sœur la religieuse, sur la manière de vivre saintement, traduction nouvelle par *** (*de Saint-Victor*); suivis d'un Dialogue sur les dangers du monde dans le premier âge, par M. l'abbé *F. de La Mennais*, et du Discours sur la vie cachée en Dieu, de *Bossuet*. 1820, un vol., avec 6 grav.

6 et 7. Paroissien complet, contenant l'office des dimanches et fêtes, en latin et en français, selon l'usage de Paris et de Rome ; par M. l'abbé *F. de La Mennais ;* traduction nouvelle des Psaumes sur la Vulgate, par *E. de Genoude ;* traduction nouvelle des Hymnes et de toutes les parties des offices, par M. l'abbé *Letourneur*. Partie d'hiver et partie d'été. 1820-21, 2 vol., avec 12 grav.

8 à 12. Doctrine et morale chrétiennes, ou Choix de morceaux tirés des Pères et auteurs ecclésiastiques modernes, avec des traductions nouvelles des passages extraits des textes grecs et latins. Précédés d'une préface par M. l'abbé *F. de La Mennais*. 1821-24, 5 vol.

13 à 16. Opuscules des Pères. L'Enchiridion de saint *Augustin*, et le Manuel, traduction nouvelle par M. *A****, les Soliloques, traduction nouvelle par M. *V****, précédée d'un Avertissement. 1821, 1 vol. — De l'Oraison dominicale, par saint *Cyprien*, traduction nouvelle, par M. *C****; les Méditations de saint *Anselme*, traduction nouvelle, par M. *A****; — De la Componction, par saint *Jean Chrysostôme*, traduction nouvelle par M. *A****; — De la Nécessité de mourir, par saint *Cyprien*, traduction nouvelle par M. *C****; — Que la mort est un bien, par saint *Ambroise*, traduction nouvelle par M. *D. B****. 1821, 1 vol.; — De la Providence et de la Virginité, par saint *Jean Chrysostôme*, traduction nouvelle par M. *A****. — De la Pénitence, discours ascétiques, et discours sur la vie chrétienne, par saint *Ephrem*, traduction nouvelle, par M. *V****; — Lettre de saint *Basile*, sur la solitude, et Louanges de la solitude, par *le même*, traduction

nouvelle par M*** ; — Lettre de saint *Eucher* à Valérien, traduction nouvelle, par M. O'M... (*O'Mahony*). 1825, 1 vol. — Discours de saint *Césaire*, traduction nouvelle, par M. *V****; — Lettre de saint *Jérôme* à Héliodore, traduction nouvelle, par M. *A****; — Institution spirituelle, par le B. *Louis de Blois*, traduction nouvelle par M. *V****; — Traité de l'amour de Dieu, par saint *Bernard*, traduction nouvelle, par M. *V****; — De la Patience, Éloge du martyre, Exhortation au martyre, Prière pour le martyre, par saint *Cyprien*, traductions nouvelles par M. *C****. 1825, 1 vol. En tout 4 vol., avec 4 grav.

17 et 18. Confessions (les) de saint *Augustin*. Traduction nouvelle par le traducteur du « Chemin de la perfection, et des Discours de saint Bernard à sa sœur la religieuse » (M. *de Saint-Victor*), avec Préface, par M. l'abbé *F. de La Mennais*, et une Notice historique sur les Manichéens. 1821, 2 vol. avec 2 grav.

19 et 20. Lettres choisies des Pères. 1824, 2 vol. avec 2 grav.

CLXIX. Lettres sur les quatre articles dits du clergé de France, par le cardinal *Litta*. Nouvelle édition, avec des notes (de M. l'abbé *F. de La Mennais*). Paris, au bureau du « Mémorial catholique », 1826, in-12 de 250 pag.

Ces lettres, au nombre de vingt-neuf, sont contre la célèbre déclaration du clergé de France de 1682.

A leur tête, l'éditeur a mis une Préface, une Notice sur le cardinal Litta, et un Avertissement, le tout formant sept pages.

L'Ultramontanisme nous avait déjà fait cadeau de trois éditions de ces Lettres avant que celle-ci parut. Il en a été donné une autre en 1828. (Voy. la « France littéraire », article Litta.)

CLXX. Lettres d'Atticus, ou Considérations sur la religion catholique et le protestantisme; par un Anglois protestant (lord *Fitz-William*). (Nouv. édit., publiée par M. l'abbé *F. de La Mennais*, avec un avertissement et quelques notes de l'éditeur). Paris, au bureau du « Mémorial catholique », et chez Rusand, 1826, in-12 de 194 pag.

Ces Lettres sont au nombre de cinq. L'auteur les dédia à Louis XVIII. La première édition est de Londres, 1802, in-12. L'abbé Vinson en donna une seconde édition dans la même ville, en 1814, in-12. Celle-ci est augmentée des « Pensées d'Atticus », du même auteur, Pensées que M. de La Mennais n'a pas reproduites dans la sienne.

L'Avertissement de la réimpression de 1826 est presque entièrement tiré d'un autre écrit de lord Fitz-William, publié, en 1801, sous ce titre : le « Concordat expliqué ».

CLXXI. Mémoire pour servir à l'histoire des Cacouacs (par *Jacq.-Nic. Moreau*, nouv. édit.), suivi d'un petit Supplément à l'histoire des Cacouacs jusqu'à nos jours (par M. l'abbé *F. de La Mennais*), Paris, Bricon, 1828, in-12, de 200 pag.

CLXXII. De la Servitude volontaire, ou le Contr'un. Par *Estienne de La Boëtie* (1548), avec les notes de M. *Coste* et une préface de M. *de La Mennais* (1835). Paris, Daubrée et Cailleux, 1835, in-8, 3 fr. 50 c.

Il y a des exemplaires sur la couverture desquels on lit : *Deuxième édition*, d'autres *Troisième édition*.

CLXXIII. Cri de l'âme. Par *André Imberbis*. (Poésies). Avec une Introduction par l'abbé *de La Mennais*. Paris, Renduel, 1836, in-8, 5 fr. 50 c.

CLXXIV. Confessions (les) de saint *Augustin*. Traduction nouvelle, par M. *de Saint-Victor*, avec une préface, par M. l'abbé *de La Mennais*, et une Notice historique sur les Manichéens. Paris, Charpentier, 1841, 1844, in-12, 3 fr. 50 c.

Imprimées d'abord dans la Bibliothèque des Dames chrétiennes », aux t. XVII et XVIII.

CLXXV. Collection des meilleurs apologistes de la religion chrétienne. 24 vol. in-8.

Collection que nous ne connaissons pas, mais qui est citée par l'abbé Manet dans sa notice sur MM. Robert de La Mennais.

XI. OUVRAGES FAUSSEMENT PUBLIÉS SOUS LE NOM DE M. DE LA MENNAIS.

CLXXVI. Dernier mot de M. de La Mennais. (Par M. *Alphonse Viollet*). Paris, Duvernois, 1834, in-8 de 16 pag., 75 c.

CLXXVII. Journée du chrétien, ou Moyen de se sanctifier au milieu du monde. (Par l'abbé *Letourneur*, publié avec une Préface de M. *de La Mennais*). Paris, Picard, 1840, in-32.

Voy. la note du n° V.

II.

RÉFUTATEURS, APOLOGISTES ET BIOGRAPHES
DE M. F. DE LA MENNAIS.

RÉFUTATEURS ET APOLOGISTES.

I. EN GÉNÉRAL.

1. Système de M. de La Mennais sur les traductions de la Bible et sur la lecture de l'Écriture-Sainte (par M. *Tabaraud*, ex-oratorien). 1820.

Impr. avec l'écrit de l'auteur intitulé : MM. de Bausset et La Mennais, etc. Paris, Baudouin, in-8 de 24 pages.

2. Nécessité (de la) et des avantages de la philosophie individuelle. Lettres adressées à M. de La Mennais; par *Jos. Bellugou*, prêtre. Montpellier, A. Virenque, 1821, in-8, 5 fr.

Il a paru sept lettres.

Ce volume a été publié en sept livraisons.

3. Lettre à M. de La Mennais, contre sa méthode philosophique; par l'abbé *Bataille*. Paris, N. Pichard, 1821, in-8 de 32 pages.

4. M. Lamennais et M. de Maistre; par *Alph. Rabbe*. — Imprimé dans l'Album, tome VII (1823), pag. 61 et suiv.

5. Considérations philosophiques, théologiques, morales et politiques, ou Examen critique des opinions de l'abbé de La Mennais; par M. l'abbé *Paganel*. Paris, Pillet aîné, 1824, in-8 de 304 pages, 5 fr. — Sec. édition, revue, corrigée et considérablement augmentée. Paris, Gauthier frères, 1825, 2 vol. in-8.

Voy. la Rev. encycl., tome XXIX, pag. 412.

6. Qu'est-ce que l'abbé de La Mennais? Paris, de l'impr. de Féuguéray, 1826, in-8 de 40 pag.

Voy. la Rev. encycl., tome XXXII, pag. 473.

7. Défense de l'ordre social attaqué dans ses fondements, au nom du libéralisme du dix-neuvième siècle, par M. de Montlosier, où l'on défère au roi, aux chambres et aux cours les Œuvres de cet écrivain, comme le résumé des erreurs avec lesquelles la Philosophie a fait la Révolution; par M. *Ant. Madrolle*. Paris, Ponthieu; Leclère et Cie, 1826, et 1827, in-8, 6 fr.

C'est une double attaque, qui parut alors hardie, des deux systèmes en apparence opposés, et que l'auteur jugea dès lors identiques: de M. de Montlosier et de l'abbé de La Mennais. L'auteur a fait dans cet ouvrage un portrait, qui s'est trouvé prophétique, de ce dernier écrivain.

Il a été publié, à part, sous le voile de l'anonyme, deux chapitres de cet ouvrage; le premier sous ce titre :

« Démonstration de la souveraineté pontificale, comme unique principe de vérité et de salut, à l'occasion de son jubilé, etc. » Paris, Ponthieu, 1826, in-8 de 44 p. — Cet écrit, qui a, dit-on, ébranlé plusieurs protestants, paraît être dirigé contre le système d'*autorité universelle*, de M. l'abbé de La Mennais, bien que cet ecclésiastique ne soit pas nommé.

Le second, sous celui-ci :

« Des Congrégations, considérées comme le premier moyen d'ordre ou de désordre dans l'état, selon qu'elles se forment au nom de Dieu ou au nom de la liberté ». Paris, le même, 1826, in-8.

Ce dernier tirage a été fait pour être distribué aux chambres, à l'époque de la Dénonciation de M. de Montlosier, et cet opuscule a été cité dans le discours de l'évêque d'Hermopolis, sur ce sujet, à la chambre des députés, en 1826.

Le portrait de M. de La Mennais, dont il est question dans la première de ces notes, a été reproduit par l'auteur à la fin de son « Histoire secrète du parti et de l'apostasie de M. de La Mennais » La page de ce livre est assez curieuse pour que nous l'ayons nous-même reproduite dans le préliminaire de cette notice.

8. Réflexions diverses sur les écrits de M. F. de La Mennais, et sur le « Mémorial catholique »; par M. l'abbé *Clausel de Coussergues*. 1826.

Voy. la section *Journaux*.

9. Encore un mot sur le « Mémorial » et les doctrines subversives de la saine philosophie et de la foi; par l'abbé *Clausel de Coussergues*, vicaire-général de Beauvais. Paris, Adr. Leclère, 1827, in-8 de 60 pages, 1 fr.

10. Mémorial catholique (le), la Société catholique et l'Encyclopédie catholique ne font qu'un, ou Justification d'un écrit intitulé « Encore un mot sur le Mémorial, etc. »; par *le même*. Paris, Adr. Leclère, 1827, in-8 de 56 pages.

11. Doctrine (la) de M. l'abbé de La Mennais, déférée, comme destructive du Christianisme, au corps épiscopal de l'Église de France et à la Cour de Rome; par M. l'abbé *Paganel*. Paris, Mahler et Cie, 1828, in-8 de 240 pages, 5 fr.

Voy. la Revue encycl., tome XXXIV, pag. 197.

12. Lettres sur la Religion et la Politique, adressées à M. l'abbé de La Mennais, M. le vicomte de Châteaubriand et M. le comte de Montlosier; par *H.-Th. Tzschirner*; publiées après la mort de l'auteur. Strasbourg, Treuttel et Wurtz, et Paris, Mesnier, 1829, in-8 de 204 pag.

René-Théophile Tzschirner est mort le 17 février 1828.

13. Sur l'étude des autorités et l'autorité unique de M. l'abbé J.-F. de La Mennais. Où l'on verra, 1o de quelle importance est l'étude des autorités, et dans quel abîme de calamités nous nous sommes jetés en la négligeant; 2o que les deux puissances sont absolument indépendantes l'une de l'autre, et relèvent immédiatement de Dieu seul, chacune dans son district; 3o que l'autorité unique de M. l'abbé de La Mennais renverse d'un seul coup la création et la révélation, la nature et la grâce, l'Église et l'État, les trônes et les autels; 4o que c'est Dieu qui, lui-même, a arrangé les deux autorités telles qu'elles sont. (Par M. l'abbé *Thorel*, auteur de « l'Origine des sociétés et absurdité de la souveraineté du peuple », etc.). Avec cette épigraphe: *Quæ sunt, à Deo ordinata sunt*. Paris, Pihan-Delaforest; Hivert; Leclère, l'Auteur, 1829, in-8 de iv pages non chiffrées et 32 pages, 2 fr.

Le faux-titre de cet ouvrage porte :

« Dialogues entre deux missionnaires de la Chine, sur l'étude des autorités, et les systèmes inouïs de M. l'abbé J.-F. de La Mennais ».

Ce sont effectivement des dialogues entre deux missionnaires de la Chine, l'un jeune et l'autre vieux : ils sont au nombre de cinq et roulent sur les sujets suivants : 1o sur les deux autorités; 2o sur nos deux pères; 3o sur la transmission; 4o sur l'usurpateur; 5o sur la théocratie.

14. Manifeste des catholiques français sur le devoir de soumission aux puissances, ou Traité des devoirs catholiques dans les révolutions. (Par *A.-M. Madrolle*). Paris, Denin; Bricon, 1831, in-8, 4 fr.

Réimpr. dans la même année sous le second titre, et avec le nom de l'auteur.

15. Observations à M. de La Mennais et son école, et, à cette occasion, quelques mots sur la noble nation polonaise ; par le baron *Eugène d'Andrée*. Paris, de l'impr. d'Aug. Mie, 1831, in-8 de 16 pages.

16. Coup d'œil sur la controverse chrétienne depuis les premiers siècles jusqu'à nos jours ; par l'abbé *Ph. Gerbet*. Paris, aux bureaux de l'Agence générale pour la défense de la liberté religieuse, 1831, in-8, 4 fr. 50 c.

17. Crimes (les) des faux catholiques, considérés comme principale cause des troubles de la France et de leur prolongation ; par *A.-M. Madrolle*. Paris, 1832, in-8. — Seconde édition, augmentée. Ibid., 1832, in-8 de 150 pag.

18. Nécessité (de la) d'une réforme fondamentale dans la Littérature, dans la Philosophie, dans l'Enseignement et dans la Législation, ou Traité complet de littérature historique ; par *Ant.-M. Madrolle*. 3 vol. in-8.
Ouvrage non encore publié.
La moitié de l'un de ces trois volumes est consacré à la réfutation de MM. de Châteaubriand et de La Mennais.

19. Conférences de philosophie catholique. Introduction à la philosophie de l'Histoire ; par M. l'abbé *Ph. Gerbet*. Paris, aux bureaux de l'Agence générale pour la défense de la liberté religieuse, 1832, in-8, 9 fr.

20. Erreurs (les) de M. de La Mennais ; par M. l'abbé *Wrindts*, prêtre belge. Bruxelles, Rampelberg, 1832, in-8.

21. Église (de l') et de la Philosophie catholique : M. de La Mennais. (N° VIII des Lettres philosophiques adressées à un Berlinois) ; par M. *Lerminier*. 1832. — Imprimé dans la « Revue des Deux-Mondes », 15 septembre 1832 (première série, tome VII).

22. Triomphe du saint Siège et de l'Église, où les Novateurs modernes combattus avec leurs propres armes ; par *Maur Capellari*, actuellement *Grégoire XVI*, souverain pontife ; traduit de l'italien, par l'abbé *Jammes*. Lyon, Rusand, 1833, 2 vol. in-8.

23. Éléments de philosophie catholique ; par M. l'abbé *Combalot*. Paris, 1833, in-8.
M. Combalot était alors l'un des disciples de M. de La Mennais, qu'il a depuis abandonné.

24. Considérations sur le système philosophique de M. de La Mennais ; par M. l'abbé *Henri Lacordaire*, chapelain du premier monastère de la Visitation de Paris. Paris, Derivaux, 1834, in-8 de 208 pages.
Cet ouvrage se compose de treize chapitres. Leur énonciation le fera mieux connaître que le simple titre.
Chapitre préliminaire, intitulé : De l'état actuel de l'Église en France. Ce morceau avait déjà paru dans « l'Univers religieux » du 2 mai 1834. L'auteur l'a reproduit en tête de ce volume, parce qu'il contient les motifs qui l'ont engagé à publier sa pensée sur le système philosophique de M. de La Mennais. — Chap. Ier Exposition du système philosophique de M. de La Mennais. — Ch. II. De l'autorité du genre humain telle qu'elle

était reconnue dans l'Eglise avant M. de La Mennais. — Ch. III. Que la nécessité d'une autorité enseignante et infaillible a toujours été la base de
la défense du Christianisme, mais qu'on plaçait cette autorité dans l'É-
glise et non dans le genre humain. — Ch. IV. De l'usage de la Philosophie
dans l'Église avant M. de La Mennais. — Ch. V. Platon. — Ch. VI. Aris-
tote. — Ch. VII. Descartes. — Ch. VIII. Doctrine de saint Thomas sur l'u-
sage de la Philosophie dans l'Église. — Ch. IX. Résumé de ce qui précède,
et définition de la Certitude. — Ch. X. Que le système philosophique de
M. de La Mennais est inutile à la défense du Christianisme. — Ch. XI. Que
le système philosophique de M. de La Mennais renferme le plus vaste
Protestantisme qui ait encore paru. — Ch. XII. Conclusion.

Cet ouvrage est devenu rare en France ; mais il a été contrefait en Bel-
gique, suivi de la Lettre sur le Saint-Siége, du même auteur, et de son
Mémoire sur le rétablissement en France de l'ordre des Frères-Prêcheurs.
Louvain, Fonteyn, 1848, in-8 de 252 pag.

25. Rationalisme (du) et de la Tradition, ou Coup-d'œil sur l'état actuel
de l'opinion philosophique et de l'opinion religieuse en France ; par *J.-B.-C.
Riambourg*. Paris, Bricon, 1834, in-8 de 252 pages.

J.-B.-C. Riambourg, mort le 16 avril 1846, avait publié une série d'articles contre la philosophie de M. de La Mennais, qui ont été recueillis et imprimés dans les Œuvres philosophiques de l'auteur, publiées par MM. Th.
Foisset et l'abbé S. Foisset. (Paris, Debécourt, 1838, 3 vol. in-8).

26. Adversaires (les) de M. de La Mennais ; par M. *Lerminier*. 1834. — Imprimé dans la « Revue des Deux-Mondes », troisième série, tome III,
1834.

27. Examen de la doctrine de M. de La Mennais, considérée sous le tri-
ple rapport de la Philosophie, de la Théologie et de la Philosophie, avec
une Dissertation sur Descartes, considéré comme géomètre, comme physi-
cien et comme philosophe ; par *P.-D. Boyer*, directeur du séminaire Saint-
Sulpice. Paris, Adr. Leclère, 1834, in-8 de 368 pages, 4 fr. 50 c.

28. Démonstration du Catholicisme, fondée sur les lois constitutives de
l'intelligence et sur les propres caractères de la vérité ; par M. l'abbé
L.-H. Caron, chanoine honoraire d'Amiens. Paris, Bricon, Gaume frères ;
Meyer et Cie, Delossy, mai 1834, 2 gros vol. in-8.

Cet ouvrage, d'un ancien adepte de M. de La Mennais, est divisé en
deux livres, dont le premier donne la *Théorie du Critérium de la vérité*, et
le second le *Critérium de la vérité établie par l'expérience et les faits*.

De nombreux passages de cet ouvrage sont consacrés à la réfutation
acerbe des systèmes de philosophie de MM. Bautain et P.-D. Boyer.

Livre plein d'érudition. C'est néanmoins une longue thèse en faveur du
critérium de la vérité de M. de La Mennais, système reconnu faux par
tout le monde et censuré par les autorités ecclésiastiques. L'auteur s'ap-
puie des opinions de tout le parti ultramontain, et donne dans son ouvrage de longs passages de ses propagateurs : de MM. de La Mennais, Bonald, de Maistre, Nicolas, Rohrbacher, et même de MM. les abbés Combalot
et Gerbet, parce qu'alors ces deux derniers n'étaient pas encore séparés

du parti La Mennais ; mais les antagonistes des opinions des chefs du parti, l'abbé Boyer, l'abbé Bautin et l'évêque Frayssinous y sont fort maltraités.

Dans la préface du t. II de son ouvrage, l'auteur rappelle que trois systèmes de philosophie catholique, celui de Descartes, de MM. Bautain et de M. de La Mennais ont été improuvés par le chef de l'Église. Il a soutenu celui du dernier dans son premier volume. Mais, depuis sont venues les censures de ce dernier par l'autorité ecclésiastique, et alors l'auteur a cherché à faire prévaloir le sien sur les trois précédents ; malheureusement son système aussi a été attaqué, ainsi que le prouve les articles suivants qu'il a jugé à propos de publier pour le défendre : Parmi les pièces justificatives qui terminent le second volume, on trouve les quatre défenses suivantes de cet ouvrage :

1º Lettre de M. l'abbé *L.-H. Caron* à M. le rédacteur de « l'Ami de la Religion ».

2º Réponse de M. l'abbé *H.-L. Caron* à l'article de « la Dominicale », intitulé : De la Lettre de M. Caron à « l'Ami de la Religion ». Abbeville, ce 25 août 1834.

3º Réponses de M. l'abbé *L.-H. Caron*, à l'article de la « Dominicale » intitulé : M. Caron et M. Bautain. Abbeville, 11 et 13 août 1834.

Depuis, le « Journal des Villes et des Campagnes, » dans ses nᵒˢ du 19 juillet et août 1836, ayant représenté l'auteur de cet ouvrage comme le fauteur de M. de La Mennais et de sa révolte contre l'Eglise, M. l'abbé Caron répondit à ces deux articles critiques par trois lettres que nous avons aussi sous les yeux : les deux premières à MM. les rédacteurs en chef du « Journal des Villes et des Campagnes, » du 30 juillet, et de « la Paix, » du 1ᵉʳ 1831 (Abbeville de l'impr. de A. Boulanger), in-4 de 3 pages ; la troisième, à M. le rédacteur du « Journal des Villes et Campagnes, » du 18 août 1836 (Abbeville, de l'impr. du même), in-8 de 11 pages.

La deuxième de ces lettres termine ainsi :

« Non, Monsieur, quoi qu'en dise M. A. P., appuyer l'Eglise sur la raison « universelle, ce n'est pas appeler de l'Église à l'humanité, mais appeler « de la raison individuelle à la raison du genre humain. Si telle eût été « la doctrine de M. de La Mennais, jamais l'Église ne l'aurait improuvée. « Mais l'illustre écrivain eut le double tort d'anéantir la raison privée et « d'opposer l'humanité à l'Église : voilà pourquoi son système a été juste- « ment réprouvé ».

29. Jugement sur M. de La Mennais considéré comme écrivain ; par *P.-D. Boyer*, directeur du séminaire Saint-Sulpice. 1835.

Imprimé dans le livre de l'auteur, intitulé « Défense de l'ordre social contre le carbonarisme moderne... » (Paris, Adr. Leclère, 2 vol. in-8.)

30. Histoire de la nouvelle hérésie du dix-neuvième siècle, ou Réfutation complète des ouvrages de M. de La Mennais ; par *M.-N.-S. Guillon*. Paris, Paul Méquignon ; Louis Martin, 1835, 3 vol. in-8, 15 fr.

Reproduite dans la même année à l'aide de nouveaux frontispices portant : Seconde édition.

Le même auteur a encore publié dans la même année :

« Histoire générale de la Philosophie ancienne et moderne jusqu'à nos jours, ou Supplément à la « Bibliothèque choisie des pères grecs et latins ». Paris, Depélafol; Paul Méquignon, 1835; 2 vol. in-8, 15 fr.

31. Censure de cinquante-six propositions extraites de divers écrits de M. de La Mennais et de ses disciples, par plusieurs évêques de France, et Lettres des mêmes évêques au souverain pontife Grégoire XVI ; le tout précédé d'une Préface où l'on donne une notice historique de cette censure, et suivi de Pièces justificatives. (Publ. par M. *Paul-Thérèse-David d'Astros*, archevêque de Toulouse et de Narbonne). Toulouse, J.-M. Douladoure, 1835, in-8 de xxxix et 215 pag.

Ce volume renferme :

1° la Préface, 39 pag.

2° Lettre de plusieurs évêques de France au souverain pontife Grégoire XVI, lettre du 23 avril 1832, signée de treize évêques.

3° Censure de quelques propositions tirées des t. III et IV d'un livre intitulé : « Essai sur l'indifférence en matière de Religion » ; — de l'ouvrage qui a pour titre : « Des Doctrines philosophiques sur la Certitude dans leurs rapports avec les fondements de la Théologie » ; — d'un opuscule intitulé « Catéchisme du sens commun », — et du journal « l'Avenir ».

Les propositions tirées des t. III et IV de « l'Essai sur l'indifférence » sont au nombre de vingt, celles tirées de « l'Avenir » sont au nombre de seize.

4° Observationes in quosdam articulos declarationis sanctæ Sedi oblatæ ab auctoribus Diarii quod inscribitur « l'Avenir ».

5° Traditio SS. Patrum, quâ probatur nullem gentem præter Israéliticam, ante Christi adventum, unius Dei, veri Dei distinctam cognitionem retinuisse : undè constat propositiones I-XI, traditioni adversari.

Les Pères grecs et latins, dont les témoignages sont invoqués, sont au nombre de dix-neuf.

6° Pièces justificatives : Extrait de la déclaration présentée au Saint-Siège par les rédacteurs de « l'Avenir » ; — Extrait de l'Acte d'union proposé à tous ceux qui, malgré le meurtre de la Pologne, le démembrement de la Belgique et la conduite des gouvernements qui se disent libéraux , espèrent encore en la liberté du monde et veulent y travailler; — Avis à MM. les associés-donateurs de l'Agence générale pour la défense de la liberté religieuse ; — Lettre aux évêques signataires, en leur envoyant le projet de censure pour la soumettre à leur examen. (Par Mgr d'Astros). Toulouse, 17 juillet 1832; — Lettre à NN. SS. les évêques de France, pour leur apprendre où en est l'affaire de la censure (par le même). Toulouse, le 15 août 1832 ; — Lettre encyclique de Grégoire XVI à tous les patriarches, primats, archevêques et évêques. 18 septembre 1832 (en latin et en français);—Première déclaration de M. de La Mennais, adressée à la « Gazette de France ». 10 septembre 1832. — Lettre de M. de Potter à M. de La Mennais. Paris, le 4 septembre 1832; — Réponse de M. de La Mennais; — Lettres de Grégoire XVI à l'archevêque de Toulouse, 8 mai 1833, et à l'évêque de Rennes, 5 octobre 1833; ces deux lettres sont en latin et en français; — Lettre de M. de La Mennais au journal D.... Paris, 17 novembre 1833 ; — Deuxième déclaration de M. de La Mennais. La Chenaie, 4 août 1833 ; — Troisième déclaration de M. de La Mennais. Paris, 5 novembre 1833. Ces deux déclarations sont deux lettres à Grégoire XVI ; — Lettre de l'évêque de Rennes à M. de La Mennais en lui envoyant la formule de soumission exigée par le souverain pontife, et Réponse de M. de La Mennais ; — Réponse de M. de La Mennais à une lettre de son éminence le cardinal Pacca, 11 décembre 1833 ; — Lettres de M. de La Mennais à M. l'évêque de Rennes et à M. l'archevêque de Paris ; — Lettres de Grégoire XVI à l'évêque de Rennes, 28 décembre 1833 ; à M. de La Mennais ; — Lettre encyclique de Grégoire XVI à tous les patriarches, primats, archevêques et évêques. 7 juillet 1834. Cette dernière encyclique porte condamnation de l'ouvrage intitulé : les « Paroles d'un croyant » peu considérable par son volume, mais immense par sa perversité » ; — Dédicace de la nouvelle édition des « Paroles d'un croyant ». Au peuple.

32. Débats sur le Christianisme : M. Baütain, etc., par M. *E. Lerminier.* — Impr. dans la « Revue des Deux-Mondes », 15 juillet 1835.

33. Réflexions sur la chute de M. de Lamennais ; par l'abbé *Ph. Gerbet.* Paris, rue Saint-Guillaume, n° 24, 1838, in-8 de 172 pages.

34. Essai d'un Traité complet de Philosophie au point de vue du Catholicisme et du Progrès ; par M. *Buchez.* Paris, Eveillard ; Périsse, 1839, 3 vol. in-8, 22 fr. 50 c.

Voyez, sur cet ouvrage, un article de M. Jules Simon dans la « Revue des Deux-Mondes », n° du 15 mai 1841.

35. État de la Philosophie en France. — Les Radicaux, le Clergé, les Éclectiques ; par M. *Jules Simon.* — Impr. dans la « Revue des Deux-Mondes », nouvelle (3e) série, tome Ier (1843).

36. Lettre sur les doctrines philosophiques et politiques de M. de Lamennais ; par *Vincent Gioberti.* (Trad. de l'italien). Bruxelles, Meline, Cans et Cie, 1843, in-8 de 115 pages, 1 fr. 75 c.

37. Philosophie (de la) du Clergé ; par *Émile Saisset.* — Impr. dans la « Revue des Deux-Mondes », 1er mai 1844.

38. Christianisme (le) et la Philosophie à propos d'une brochure de M. l'archevêque de Paris ; par M. *Em. Saisset.* — « Revue des Deux-Mondes », 15 mars 1845.

39. Critique philosophique (de la) : M. de La Mennais, M. Bordas Dumoulin ; par M. *E. Lerminier.* — Impr. dans la « Revue des Deux-Mondes », 1er février 1846.

II. EN PARTICULIER.

OUVRAGES ASCÉTIQUES.

Évangiles (N° VII).

40. Compte-rendu des Évangiles, traduction nouvelle, avec des Réflexions. — Imprimé dans la « Revue des Deux-Mondes », 1er février 1846.

41. Néo-Christianisme (le) de M. de La Mennais, et sa traduction des Évangiles ; par *H. Maret.* — Impr. dans le « Correspondant », tome XIV, page 161 et suiv.

III. RELIGION ET PHILOSOPHIE.

Réflexions sur l'état de l'Église en France (N° IX).

42. Sur les Réflexions sur l'état de l'Église en France ; par M. *Alexis Dumesnil.* 1822.

Imprimé dans le tome VI de « l'Album », pag. 331 et suiv.

Essai sur l'Indifférence (N° XII).

43. Observations sur l'unité religieuse, en réponse au livre de M. de La Mennais, intitulé « Essai sur l'indifférence en matière de Religion », dans la partie qui attaque le Protestantisme ; par *J.-L.-S. Vincent,* l'un des pasteurs de l'Église réformée de Nîmes. Paris, Treuttel et Würtz, 1820, in-8 de viij et 224 pages, 3 fr. — Observations sur la voie d'autorité appliquée à la Religion, en réponse au second volume de « l'Essai sur l'indifférence en matière de Religion », de M. de La Mennais. Pour faire suite aux « Observations sur l'unité religieuse », du *même auteur.* Paris, les mêmes, 1820, in-8 de viij et 74 pages, 1 fr.

44. Essai de réfutation du système erroné et dangereux que prétend établir M. l'abbé F. de La Mennais, dans le second volume de son « Essai sur l'indifférence en matière de Religion » ; par *J. Bellugou,* prêtre. Paris, Chanson, 1820, in-8 de 320 pages, 5 fr.

45. Anti-Pyrrhonien (l'), ou Réfutation complète des principes contenus dans le deuxième volume de « l'Essai sur l'indifférence en matière de Religion », principes subversifs de toute croyance religieuse, de toute morale, et contraire aux notions de la saine physique, ainsi qu'à l'expérience de l'Histoire ; par M. *(Étienne) Jondot,* de l'ancienne Société des Observateurs de l'Homme. Paris, Pillet aîné, 1821, in-8 de 424 pages, 6 fr.

46. Examen critique de l'Essai sur l'indifférence en matière de Religion, de M. l'abbé de La Mennais ; par L. Saint-Acre [*J.-M. Mossé*]. Paris, Maze, 1820, in-8, 5 fr. — Essai sur l'intolérance en matière de Philosophie et de Religion, où l'on examine les tomes III et IV de « l'Essai sur l'indifférence en matière de Religion », de M. l'abbé de La Mennais, et dans lequel on venge les philosophes, les juifs, les protestants, la raison et le goût ; par *J.-M. Mossé.* Paris, Maze, 1823, in-8, 6 fr.

47. Recherches philosophiques sur le fondement de la Certitude, avec quelques réflexions préliminaires sur la nature et l'origine de nos idées. (Par l'abbé *J.-F. Receveur*). Besançon, de l'impr. de Chalandre, 1821, in-12.

Le frontispice a été changé en 1823, et on y a substitué celui-ci : « Observations sur le système de M. de La Mennais, ou Recherches, etc. »

48. Réfutation de la doctrine exposée par M. l'abbé de La Mennais dans le second volume de « l'Essai sur l'indifférence en matière de Religion » ;

par *L.-H. Bouchitté*, ancien élève de l'École normale. Paris, Maradan, 1821, in-8 de 112 pages, 1 fr. 80 c.

49. Doctrine (la) du Sens commun, ou Traité des premières vérités et de la source de nos jugements, suivi d'une Exposition des preuves les plus sensibles de la véritable religion. Par le P. *B.*, D. L. C. D. J. (de la compagnie de Jésus). Ouvrage qui contient le développement primitif du principe de l'autorité générale, adopté par M. l'abbé de La Mennais, comme l'unique fondement de la Certitude. Pour servir d'appendice au t. II de « l'Essai sur l'indifférence en matière de Religion ». Avignon, Séguin aîné, et Paris, Tournachon-Molin et Séguin, etc., 1822, in-8 de 31 feuil., 5 f.

50. Antidote contre les erreurs et la réputation de « l'Essai sur l'indifférence en matière de Religion » ; par M. *Baston*, docteur de Sorbonne. Besançon, et Paris, Gauthier frères, 1823, in-8. — Seconde édition. Ibid., 1825, in-8, 6 fr.

51. Réponse d'un pasteur au livre de M. l'abbé F. de La Mennais, sur l'Indifférence en matière de Religion.

Voy. la Revue encycl., tome V, 575. — C'est l'un des deux ouvrages indiqués sous le n° 43.

52. Errata du troisième volume de l'Essai sur l'indifférence en matière de Religion, ou Observations critiques adressées à M. l'abbé F. de La Mennais ; par un ancien professeur de théologie (l'abbé *J.-B.-M. Flottes*). Montpellier, de l'impr. de Tournel aîné, 1823, in-8 de 36 pages.

53. Supplément aux réfutations ou examens critiques de « l'Essai sur l'indifférence en matière de Religion, précédé de Réflexions importantes sur cet ouvrage, et suivi d'un Essai sur l'indifférence la plus remarquable en matière de Religion, opuscule en vers, par M. *Lucas*, ex-député de la Seine-Inférieure. Rouen, de l'impr. de Baudry, 1825, in-8 de 224 pages.

54. M. l'abbé F. de Lamennais réfuté par les autorités mêmes qu'il invoque, ou Observations critiques sur le 3ᵉ et le 4ᵉ volume de l'Essai, pour faire suite aux « Observations critiques sur la Défense » ; par M. l'abbé (*J.-B.-M.*) *Flottes*. Montpellier, Aug. Séguin, 1825, in-8 de 160 pages.

55. Sur deux réfutations de « l'Essai sur l'indifférence », de M. l'abbé Flottes ; par M. l'abbé A***. — Imprimé dans le « Journal des Débats ».

56. Catéchisme du sens commun. Nanci, de l'impr. de Hissette, 1825, in-8 de 8 pag.

Cet opuscule doit être le programme du livre suivant.

57. Catéchisme du sens commun ; par M. *R.* (*Rohrbacher*), supérieur des missionnaires du diocèse de Nanci. Paris, rue Cassette, n° 35, 1825, in-12. — Deuxième édition. Paris, rue Cassette, n° 35, 1826, in-18.

L'abbé Rohrbacher était le bras droit de M. de La Mennais.

Le « Catéchisme du sens commun » est la charte du parti Lamennaisien, traitant l'autre, celle de Louis XVIII, de *folle* et d'*aliénée*, et peut-être se rappellera-t-on que M. de La Mennais a été traduit pour cela à la barre même de la Cour royale, par M. Dupin, plaidant, je crois, pour « le Constitutionnel. »

Ant. M.

Le « Catéchisme du sens commun » est l'un des ouvrages compris dans la Censure ecclésiastique publiée en 1835 (voy. le n° 31).

58. Réfutation de l'opinion de M. l'abbé de La Mennais sur l'étendue de la puissance spirituelle du Pape. Paris, Adr. Leclère, 1826, in-8 de 116 pages, 2 fr.

59. Démonstration de la souveraineté pontificale, comme unique principe de vérité et de salut, à l'occasion de son jubilé, etc.; par M. *Ant. Madrolle.* Paris, Ponthieu, 1826, in-8 de 44 pag.

L'un des deux chapitres du n° 7.

Cet écrit, qui a, dit-on, ébranlé plusieurs protestants, paraît être dirigé contre le système d'*autorité universelle,* de M. l'abbé de La Mennais, bien que cet ecclésiastique ne soit pas nommé.

60. Doctrines (des) philosophiques sur la Certitude dans leurs rapports avec les fondements de la théologie; par M. l'abbé *Ph. Gerbet.* Paris, Wailfo, 1826, in-8.

Ouvrage compris dans la Censure ecclésiastique publiée en 1835. (Voy. le n° 31.)

61. Essai sur la Certitude, où l'on simplifie enfin la question de la vraie source des connaissances humaines; par l'abbé *Rozaven.* Avignon, Séguin aîné, ..., in-8.

Cité par M. Madrolle.

Nous craignons que M. Madrolle n'ait fait une confusion. M. l'abbé J.-L. Rozaven, D. L. C. D. J. a bien publié l'Examen d'un ouvrage intitulé « des Doctrines philosophiques sur la Certitude, dans leurs rapports avec les fondements de la Théologie », par l'abbé Gerbet, et dont une seconde édition, augmentée, a été imprimée à Avignon, chez Seguin aîné, en 1833, in-8. Mais, ainsi qu'on le voit, c'est un examen d'un livre de M. l'abbé Gerbet, et non de M. l'abbé de La Mennais. Pourtant, M. Gerbet étant alors de l'école lamenaisienne, M. Rozaven a pu s'occuper du maître et du disciple, surtout à l'occasion de la doctrine sur la Certitude.

62. Sens commun (le) de M. Gerbet, ou Examen de ses doctrines philosophiques dans ses rapports avec les fondements de la Théologie; suivi de deux appendices sur le Sens commun de M. de La Mennais et de M. Laurentie; par M*** (l'abbé *Jammes,* alors aumônier de l'École polytechnique). Paris, Brunot-Labbe, 1827, in-8 de 277 pages.

Voy. la Rev. encycl., tome XXXIX, pag. 202, article signé J. L.

Le *Sens commun de M. Gerbet* remplit les pages 2 à 186; un *Appendice sur le Sens commun de M. de La Mennais,* remplit les pages 187 à 269; enfin l'*Appendice sur le Sens commun de M. Laurentie,* remplit celles de 270 à 275. La *Table des matières contenues dans ce volume* forme les trois dernières pages.

63. Complément de la circulaire du 26 décembre 1826, relative aux conférences ecclésiastiques de la ville de Gap. Gap, J. Allier, 1828, in-4 de 36 pages.

Cet opuscule signé Gaillard, prêtre, secrétaire, est réellement de M. *Arbaud,* évêque de Gap.

Il se divise en deux parties. Dans la première, l'auteur réfute, en dix propositions, la brochure de M. La Mennais, intitulée « Doctrine du Sens commun, ou plutôt un chapitre de « l'Essai sur l'indifférence », portant ce titre. La deuxième partie a pour titre : Courtes observations sur l'écrit intitulé « des Progrès de la Révolution ». M. de La Mennais y a répondu, je crois, dans « l'Ami de la religion ».

[Note de feu M. Lerouge.]

64. Observations sur le principe philosophique de M. de La Mennais, touchant le fondement de la Certitude; par G.-M. Raymond. In-8.

Extrait des « Mémoires de la Société royale académique de Savoie ».

65. Essai (nouvel) sur la Certitude, où l'on simplifie enfin la question fondamentale de la certitude humaine, agitée en particulier dans « l'Essai sur l'indifférence en matière de Religion; par M. l'abbé Wrindts. Lyon et Paris, Rusand, 1828, in-8 de 408 pages.

66. Essai historique et critique sur la suprématie temporelle du Pape et de l'Église, etc. ; par M. Affre, alors vicaire-général du diocèse d'Amiens, depuis archevêque de Paris. Amiens, Caron-Vitet, 1829, in-8 de 32 feuilles 3/4, 6 fr.

M. l'abbé de La Mennais venait de publier son « Essai sur l'indifférence », et il cherchait à propager, à répandre sa doctrine du sens commun, qu'on accueillait assez froidement. M. Affre, alors vicaire-général du diocèse d'Amiens, depuis archevêque de Paris, se décida, en 1829, à lancer son « Essai historique et critique sur la suprématie temporelle du Pape et de l'Église », en le faisant précéder de cet avertissement : « Il y a trois ans
« que M. de La Mennais essaya de ressusciter au milieu de nous les opi-
« nions factieuses de la Ligue ; malgré le talent de l'auteur, les prestiges
« de son style, sa brillante réputation et les efforts de ses disciples, il ne
« parvint qu'à produire une sensation momentanée. Nous composâmes à
« cette époque l'écrit que nous publions aujourd'hui; à peine était-il ter-
« miné, que la discussion qui l'avait provoqué commença à s'affaiblir. Il
« nous parut plus sage de ne pas ranimer une controverse que nous espé-
« rions voir tomber dans l'oubli d'où elle n'aurait jamais dû sortir. M. de
« La Mennais vient de la reproduire dans un ouvrage qui ne contient ni des
« faits nouveaux, ni des raisonnements plus concluants. Il paraît cepen-
« dant dans un moment moins opportun; il vient diviser, par une guerre
« domestique, les défenseurs de la Religion, qui auraient besoin plus que
« jamais d'union et de concorde. C'est dans l'intérêt de cette cause sacrée,
« c'est pour ôter à ses ennemis les prétextes d'opposition et de haine,
« qu'ils ne sont que trop habiles à saisir, que nous venons protester au
« nom du corps auquel nous avons l'honneur d'appartenir, que M. de La
« Mennais n'a professé que des doctrines qui lui sont exclusivement pro-
« pres; que, loin d'être l'organe avoué du Clergé, il n'a fait que dénaturer
« ses sentiments les plus connus, altérer ses plus constantes opinions.
« Pénétré de la première de nos obligations, celle de rendre à Dieu ce qui
« appartient à Dieu, nous le sommes aussi de nos devoirs envers le trône
« et le gouvernement du pays. Nous pensons que si c'est un crime aux
« partisans de l'anarchie, de mettre le pouvoir à discrétion de la multi-

« tude, pour qu'elle en dispose en maître souverain, c'est un excès non
« moins réel de dire avec M. de La Mennais, que l'autorité ecclésiastique a
« le droit d'émanciper une nation et de l'autoriser à changer ses maîtres ».

On a dit que M. de Lamennais avait changé, on a eu tort. Le tribun qui
cherchait à diviser l'Église en 1821, est bien le même qui, démagogue de
1848, sème le désordre et l'anarchie dans « le Peuple constituant », pour
aller mourir ignominieusement dans le plus plat libelle de ces temps-ci,
dans « la Réforme ». Une puissance mystérieuse le pousse vers le mal, et
il semble lié par un pacte à toutes les associations mystiques et malfai-
santes de notre époque. — Voici le portrait que M. Affre traçait de ce fameux abbé en 1829; on verra combien il est encore ressemblant : « C'est
ainsi que, dans son humeur guerroyante, M. de La Mennais s'attaque à
toutes les positions, à tous les partis, à toutes les opinions ; lance des traits
contre ce qu'il y a de plus humble et de plus élevé, à droite et à gauche,
dans les directions les plus contraires : rois, peuples, ministres, évêques,
séminaires, libéraux et royalistes, jésuites et jacobins, tous sont rudoyés
par cet inflexible censeur, attaqués par ce vigoureux athlète qui frappe
sur tous à coups redoublés, et qui, après avois combattu tout le monde,
finit par se combattre lui-même ».

Cet ouvrage fut donc destiné à combattre le système alors ultramontain
de M. de La Mennais. M. Affre y trace l'histoire complète de l'opinion si
répandue dans le moyen-âge du pouvoir du Pape de déposer les rois, et il
mêle continuellement à sa controverse le récit et la critique des faits. Il a
préféré la forme de réfutation à une polémique théologique fort inutile
pour repousser une opinion surannée. Engagé à composer cet ouvrage par
plusieurs prélats, il en reçut une approbation non équivoque. « L'Ami de
la religion » [t. LX, p. 117] en porte le jugement suivant : « Le grand nombre de faits qu'embrasse l'auteur, les discussions qu'il y mêle, le soin qu'il
prend de réfuter ce qu'il y a de plus important et de plus spécieux dans les
écrits de ses adversaires, ses jugements sur les hommes et les choses, tout
annonce une marche ferme, de vastes recherches et l'habitude de traiter
ces sortes de matières. L'auteur venge l'Église de France d'une injuste
agression : il a même au milieu de ses raisonnements des morceaux écrits
avec chaleur. Enfin, dans un post-scriptum plein de force, il résume les contradictions, les inconséquences et les méprises de l'auteur qu'il avait à
combattre ». L'ouvrage reçut un accueil bien différent du parti, alors fort
exalté, auquel il était adressé : Le « Mémorial catholique » l'attaqua avec
une grande violence.

Un journal ultramontain de l'époque, en annonçant quelques ouvrages
qui venaient de paraître contre M. de La Mennais, s'exprimait ainsi sur celui de M. Affre : Ceci est plus sérieux, comme on voit; l'ouvrage de. M. Affre est un gros volume, et ici on prend décidément parti contre M. de La
Mennais et tous ses écrits à la fois. Nous n'entrerons pas dans la discussion où s'engage M. Affre; nous lui demanderons seulement, si sa conscience est bien tranquille, après la manière pleine de réserve et d'ambi-
guité dont il a parlé des fatales ordonnances du 16 juin, de ces actes d'oppression par lesquels on a prétendu acheter à prix d'argent la liberté de

l'Église et son indépendance, de ces actes iniques, qui font aujourd'hui
rougir ceux même qui en furent d'abord les approbateurs, et sur lesquels
on connaît enfin le jugement sévère du grand Pape qui vient de mourir.

Quelques personnes prétendent que l'ouvrage de M. Affre lui vaudra une
mitre : cela est possible, nous sommes sûrs du moins, qu'il ne l'a pas plus
composé dans cette espérance, que M. de La Mennais n'a écrit le sien
dans la pensée du chapeau de cardinal, comme on l'a dit si misérable-
ment.

67. Sur l'étude des autorités et l'autorité unique de M. de La Mennais... Voy. le n° 13.

68. Enseignement (de l') philosophique de M. Bautain dans ses rapports
avec la Certitude. Strasbourg, 1833, in-8.

69. Raison (de la) et de l'autorité en matière de Philosophie ; par
M. *Nicolas*. Metz, 1833, in-12 (1).

70. Essai sur la nature de l'âme, sur l'origine des idées et le fondement
de la Certitude ; par l'abbé *J.-F. Receveur*. Paris, Gaume ; Hachette, 1834,
in-8, 6 fr. 50 c.

71. Démonstration du Catholicisme... Voy. n° 28.

72. Censure (de vingt propositions) des t. III et IV de « l'Essai sur l'indifférence, par les évêques de France. 1835.

Voy. le n° 31.

Défense de l'Essai sur l'Indifférence (N° XXIII).

73. Sur un dernier ouvrage de M. l'abbé de La Mennais (le t. II de
« l'Essai sur l'Indifférence »); par M. *de Bonald*.

74. Sur le second volume de « l'Essai sur l'indifférence en matière de
Religion ; par M. *de Genoude*.

75. Lettre de M. *de Genoude* à M. le directeur du « Défenseur » (sur
le deuxième volume de « l'Essai sur l'indifférence »).

76. Quelques Observations respectueuses aux adversaires de M. de La

____

(1) « M. de La Mennais et son école étaient, en 1833, sous le joug de deux
jugements ecclésiastiques (l'Encyclique et la Censure). Ils adhérèrent à l'Encyclique, fort bien, c'est-à-dire qu'ils abjurèrent leur politique scandaleuse ;
mais leur philosophie sceptique, leur théologie erronée restèrent. On y tint
plus fortement que jamais ; on a dit même que l'adhésion à l'Encyclique était
comme un signal, comme un mot d'ordre donné de proclamer plus hautement
que jamais leur système philosophique : témoin l'explosion des ouvrages de
MM. Combalot, Gerbet, Nicolas, etc., apologétiques de la raison générale, et
tous de la même date que l'Encyclique, et les adhésions qu'on lui accorde. Et
l'un d'entre eux n'a-t-il pas osé invoquer ce jugement doctrinal en faveur de
ce pyrrhonisme moderne ? »

P.-D. Boyer, Examen de la doctrine de M. de La Mennais.

Mennais (au sujet du t. II de « l'Essai sur l'indifférence »); par M. R...
(M. l'abbé *Rohrbacher* (1)).

77. Nouvelles Observations respectueuses aux adversaires de M. de La
Mennais (sur le même volume); par M. R... (M. l'abbé *Rohrbacher*).

78. Lettre à M. le rédacteur du « Défenseur » (à l'occasion du t. II de
« l'Essai sur l'indifférence); par M. B..., professeur de théologie au séminaire de N.

79. Extrait d'une Lettre au même (sur le même volume); par M. l'abbé
F..., prof. de théologie au séminaire de N.

80. Lettre à M. l'abbé de La Mennais (sur le second volume de « l'Essai sur l'indifférence; par M. B... (M. l'abbé *Rohrbacher*).

81. Lettre à M. l'éditeur du « Défenseur » (sur le t. II de « l'Essai sur
l'indifférence »). Ornans, 20 janvier 1821; par l'abbé *Doney*.

82. Lettre à M. l'abbé de La Mennais (sur le t. II de « l'Essai sur l'indifférence); par *Cl.-Ignace Busson*, prêtre.

83. Doctrine (de la) philosophique développée dans « l'Essai sur l'indifférence; par l'abbé de ***.

Ces onze derniers écrits étant des apologies du t. II de « l'Essai sur l'indifférence », M. de La Mennais a cru devoir en grossir la Défense du livre
attaqué.

84. Réfutation de la « Défense de l'Essai sur l'indifférence en matière
de Religion », de M. de La Mennais; par M. *Suremain de Missery*, ancien officier au corps royal d'artillerie, etc. Dijon, Gaulard-Marin, et Paris, Des-
champs, 1822, in-8 de 64 pages.

85. Rapport sur une « Réfutation de la Défense de M. de La Mennais »;
par M. *Jos.-Théoph. Foisset*.

86. Réponse au « Rapport de M. Foisset sur une Réfutation de la Défense
de M. de La Mennais »; par l'auteur de cette Réfutation, M. *Suremain de Mi-
sery*. Dijon, de l'impr. de Carion, 1823, in-8 de 56 pag.

87. Rapport lu (à l'Académie de Dijon) par M. *de Riambourg*, dans la
séance du 25 juillet 1823, sur la Réfutation qu'a faite M. de Missery, du
système de M. de La Mennais. Dijon, de l'impr. de Frantin, 1824, in-8 de
36 pag.

88. M. l'abbé M. de La Mennais, réfuté par M. le comte J. de Maistre, ou
Supplément aux Observations critiques sur la « Défense » et sur les t. II

---

(1) L'ancien bras droit de M. l'abbé de La Mennais, et qui, du bon sens
commun de son maître, a fait un catéchisme dont il a été le principal rédacteur, intitulé « Catéchisme du sens commun ». Paris, 1825, in-12. (Voy. le n° 57).

M. l'abbé Rohrbacher était, en fait d'outrages, celui des disciples de La Mennais qui l'entendait le mieux : c'est lui, ainsi qu'on sait, qui injuriait le plus
grossièrement Louis XIV et Bossuet, M. l'archevêque de Paris et M. Frayssinous. Il comparait Louis XIV à Henri VIII, et Bossuet à Crammer, etc. (*Lettres d'un Anglican*, etc.)

et IV de « l'Essai »; par M. l'abbé *Flottes.* Montpellier, Auguste Séguin, 1826, in-8 de 44 pag.

89. Résumé de deux écrits contre la « Défense de l'Essai sur l'indifférence »; par l'abbé *Bataille.* Paris, N. Pichard, 1821, in-8 de 44 pages, 1 fr. 25 c.

90. M. l'abbé F. de La Mennais réfuté par les autorités mêmes qu'il invoque, ou Observations sur la Défense de cet illustre écrivain; par M. l'abbé *Flottes,* chanoine honoraire, aumônier et professeur de philosophie au collège royal de Montpellier. Montpellier, Aug. Séguin, 1824, in-8 de 120 pag., 1 fr.

Nouveaux Mélanges (N° XXIV).

91. Réflexions sur le dernier ouvrage de M. l'abbé de La Mennais (ses Nouveaux Mélanges), suivies de Quelques mots sur M. Fiévée; par M. le comte *Arthur O'Mahony.* Extrait du « Mémorial catholique ». Paris, au bureau du « Mémorial catholique », 1826, in-8 de 24 pag.

Paroles d'un croyant (1) (N° XXVI).

92. Vingt jours de secret, ou le Complot d'avril; par M. *Armand Marrast,* rédacteur en chef de « la Tribune ». Paris, Guillaumin, 1834, in-8 de 76 pages. — IVᵉ édit. Paris, le même, 1854, in-8 de 80 pages, 1 fr. 25 c.

Il est beaucoup question de l'ouvrage de M. de La Mennais dans cet écrit de M. Marrast, dès lors représentant d'une majorité républicaine honorable, parce qu'elle était jeune, généreuse ou de bonne foi. Or, M. Marrast nous apprend que les « Paroles d'un croyant », attachées à *une corde,* lui arrivèrent, au moment de leurs nouveautés, comme par miracle, vraiment *tombé du ciel* pour lui, en ajoutant : qu'il a *dévoré ce volume et béni le prophète* », et que... « jamais depuis Samuël, plus rude coup ne fut porté *à la bête qui fait sa pâture de chair et de sang* ». — Et M. Marrast se résume ainsi, après avoir expliqué tous les précédents travaux

---

(1) A son apparition, ce livre excita l'indignation de toutes les âmes honnêtes et l'admiration de toute la plèbe sociale. Bien que nous citions de ce dangereux livre un assez grand nombre de critiques, nous sommes loin d'avoir pu découvrir toutes celles qui parurent à cette époque. Beaucoup ont été imprimées dans des recueils périodiques et dans les feuilles quotidiennes, et dès lors elles nous échappent. Pourtant nous rappellerons, d'après M. Madrollé, quelques uns des jugements qui furent portés sur cet ouvrage, « peu considérable par son volume, mais immense par sa perversité » (Encyclique, 7 juillet 1834).

Le mot de M. Michaud sur les « Paroles d'un croyant » : « C'est 93 qui fait ses Pâques »; celui de M. de Châteaubriand : « C'est un club sous un clocher »; sont acceptés dans l'ancien parti royaliste. Dans les partis opposés, « le Constitutionnel », l'un des premiers, a présenté très judicieusement les « Paroles

de M. de La Mennais : « Ce qu'il n'a pu accomplir par le Pape, il l'essaie malgré le Pape ». — Il faut que l'argent du budget ne souille plus la majesté des autels ». — C'est un foudre lancé contre les foudres du Vatican, etc., etc.

93. Livre (le). Vision! (A l'occasion des « Paroles d'un croyant »). Par *Barthélemy Bouvier*, pasteur de l'Église de Genève. Genève, de l'impr. de L.-A. Viguier, 1834, in-8 de 24 pag.

Cet écrit est la reproduction d'un article du « Protestant de Genève », avec quelques développements que les bornes d'un journal avaient interdits à l'auteur.

En tête de cet opuscule, on trouve ces *Quelques mots sur le présent ouvrage* :

Un livre a paru, petit pour l'étendue, mais colossal de génie et de renommée. Avec le double instinct du génie et de la méchanceté, l'auteur prévoyait qu'il serait lu d'un bout du monde à l'autre, et il l'a été. Le nombre inouï des réimpressions, des traductions, et surtout des réponses qui l'ont suivi coup sur coup, fait foi de l'enthousiasme comme de l'indignation qu'il a fait naître. Pour moi, en insérant le présent jugement dans le *Protestant de Genève* (15 juin), je n'ai pas eu la prétention de me mesurer avec La Mennais; je n'ai fait que céder au besoin de déposer quelque part mes impressions telles quelles, et voilà sans doute pourquoi cette réponse a été honorée de plus de faveur que je n'en attendais : dans la candeur de mon exposé je m'étais rencontré avec tout le monde, j'avais exprimé à haute voix ce que chacun s'était dit ; je n'ai pas eu d'autre mérite.

Je reproduis aujourd'hui cette courte analyse, avec quelques développements que les bornes d'un journal m'avaient interdits, et en vue de lui donner plus d'essor. Ce n'est pas que je ne sente qu'entre un La Mennais et la simple conviction, surtout entre La Mennais et la droiture, les armes sont inégales, toutes n'étant bonnes à la dernière ; mais aussi j'aurai de mon côté la sympathie des cœurs honnêtes, et la force de la vérité : j'en-

---

d'un croyant » comme la seconde édition du projet de Munster, qui fit aussi son *Évangile* et sa *Terre de paix*, l'an 1534, trois cents ans avant les « Paroles d'un croyant », et l'auteur comme le pire des hommes, un *mauvais prêtre*. « Le Courrier français », la feuille la plus remarquable qu'il y ait eu dans ce moment, par son indépendance et la gravité de son genre d'opposition, « le Courrier français » n'a point hésité, dans son article *ad hoc*, du jour de la Pentecôte, en avouant d'ailleurs l'ancienneté de la formule de l'ouvrage, de présenter sa doctrine, qu'il reconnaît « plus radicale que celle des saint-simonniens », comme « sapant le peu qui reste des croyances dans la Société », et ne constituant rien moins que « des excitations aux exterminations ! » — Enfin, un journal dans lequel M. de La Mennais écrit : « La Révolution démocratique et sociale »! du 19 novembre 1848, nous révèle que M. Jules Lechevalier a dit, en 1837, dans ses « Vues politiques sur les intérêts moraux et matériels de la France... » que les « Paroles d'un croyant » étaient « l'Évangile diabolique de la science sociale ».

tends, de cette vérité commune aux gens de bien de toute secte et de toute opinion, et par laquelle ils se tiennent et se répondent à quelque distance qu'ils soient d'ailleurs ; de cette vérité qui se sent, qui a son siége dans le cœur, et non dans les partialités de telle ou telle doctrine.

Puissé-je aller où ira le livre, et verser quelque goutte d'antidote où il a versé à plein bord les poisons !

94. Paroles d'un voyant, en réponse aux « Paroles d'un croyant », de M. de La Mennais ; par *J.-Auguste Chahb* (de Navarre). Paris, Dondey-Dupré, 1834, in-8 de 184 pag., 4 fr. 50 c. — Nouv. édit. Paris, Laisné ; madame Goullet ; Dondey-Dupré, 1839, in-32.

95. A M. l'abbé de La Mennais, auteur des « Paroles d'un croyant » ; par M. *J. Huber.* (En vers.) Paris, Cherbuliez ; Barba, 1834, in-8 de 26 pages.

La couverture imprimée porte pour titre : « Lequel de nous est le croyant ? » du dernier vers de l'opuscule.

Nous reproduisons cet écrit parmi les *Stigmates de l'apostat,* poésies qui terminent la Notice bibliographique de M. de La Mennais.

96. Contre-paroles d'un croyant ; par *Elzéar Ortolan.* Paris, Gouas, Ledoyen, 1834, in-8 de 108 pages, 2 fr. 50 c.

97. Histoire secrète du parti et de l'apostasie de M. de La Mennais ; où l'on dévoile, par la logique d'un fidèle, la perfidie des « Paroles d'un croyant » ; suivie d'une Lettre au clergé sur ses devoirs à l'occasion de la chute d'un de ses membres ; par *A.-M. Madrolle.* Paris, P. Baudouin, imprimeur ; Parent-Desbarres, 1834, in-8 de xv et 128 pages, 3 fr.

Le faux-titre et le titre courant portent *Logique d'un fidèle.*

C'est l'une des critiques les plus acerbes qui aient été publiées contre « les Paroles d'un croyant », mais elle est aussi d'un écrivain religieux qui a lu attentivement non seulement « les Paroles d'un croyant », mais encore les ouvrages que le même auteur a publiés auparavant : il a pu les apprécier tous. C'est donc une sorte d'histoire littéraire de M. de La Mennais (1), dans laquelle M. Madrolle s'est attaché à signaler les contradictions flagrantes du fameux abbé.

Quoique peu volumineux, cet écrit est divisé en huit parties ainsi intitulées : I. Dédicace aux électeurs de tous les partis sur la candidature de M. de La Mennais. — II. Avant-propos sur l'importance occasionnelle de la dernière publication de M. de La Mennais, et l'urgence d'en faire justice. — III. Table analytique des « Paroles d'un croyant ». — IV. Exposition de la lettre et de l'esprit de ces Paroles. — V. Exposition de la philosophie, de la politique, de l'école et du parti Lamennaisiens depuis 1817 jusqu'aux « Paroles d'un croyant » exclusivement. — VI. Lettre au clergé de France sur sa dignité et ses devoirs, à l'occasion de la chute de l'abbé La Mennais. — VII. Précédents des deux partis. — Les « Paroles d'un croyant » de 1819, réfutées, comme de Diderot, par l'abbé La Mennais, dans « le

---

(1) Nous en avons tiré un grand profit pour notre travail.

Conservateur ». — VIII. Les « Paroles d'un croyant » de 1834, et la chute de leur auteur, annoncées, dès 1825, dans la « Défense de l'ordre social » (par M. A.-M. Madrolle).

M. Madrolle a publié, en 1837, une seconde édition de son livre, augmentée d'un chapitre, à l'occasion de la publication des « Affaires de Rome ». Ce chapitre est intitulé : *La rechute de l'abbé de La Mennais.*

Cette seconde édition porte pour titre : « La Logique du fidèle », où l'on présente l'histoire du parti et la réfutation des ouvrages de M. l'abbé de La Mennais.

98. Paroles d'un mécréant. Antithèse sur l'ordre et le plan de l'œuvre de M. de La Mennais. Avec conclusion ! (Par M. le comte *A.-A.-J. Milon de Villiers*). Paris, Dentu, 1834, in-8 de 236 pages. — Seconde édition. Paris, le même, 1834, in-8 de 236 pages, 4 fr.

99. Épitre de Lucifer à l'auteur des « Paroles d'un croyant ». Paris, de l'impr. de Decourchant, 1834, in-8 de 8 pages.

L'exiguité de ce piquant opuscule nous engage à le donner ici complet persuadé qu'on le lira avec plaisir.

Aux Enfers.

Longtemps je t'ai regardé, La Mennais, comme un de mes plus cruels ennemis, et tu avais mérité par certains écrits ma haine diabolique. Les colonnes de mon empire s'étaient ébranlées ; les puissances infernales avaient frémi ; mes démons, refoulés dans leurs sombres cachots, exhalaient en hurlant leur rage et leur fureur ; j'ai vu le moment où ma cour allait devenir presque semblable au désert, lorsque ta voix faisait retentir son tonnerre contre l'indifférence ; lorsque, doux et humble de cœur comme le Christ qui fut ton maître, tu proclamais l'obéissance. C'en était fait de mon sceptre et de ma couronne si les peuples t'avaient cru alors, et les portes de mon ténébreux séjour allaient se refermer, croyais-je, pour jamais. La philosophie vaincue fuyait en rugissant et s'enfonçait dans les éternels abîmes ! Mais voilà que tout à coup, changeant de route, tu es revenu vers moi quand on te croyait dans le chemin du Ciel. Je t'ai envoyé un guide habile, *le Démon des Libertés* (1), que tu as pris, comme tant d'autres, pour un ange de Dieu, et que tu l'as suivi avec ardeur, entraînant après toi une foule innombrable. Je n'osais espérer une réussite aussi complète, et les enfers ont retenti de cris de joie à la vue des maux que tu vas attirer sur la race humaine.

Quelques écrivains qui me sont tous dévoués travaillaient depuis longtemps à l'émancipation des peuples ; déjà, grâce à leurs écrits, la paix du monde était troublée, la Discorde agitait ses brandons, les trônes chancelaient, les peuples, aveuglés, se ruaient sur les rois, le sang coulait, et des millions de victimes arrivaient chaque jour dans mon empire... Mais leurs efforts n'étaient que des jeux d'enfants, comparés à ton ouvrage : la religion du Christ venait bientôt arrêter le cours de ces dévastations et amener la paix au milieu des hommes. L'union régnait encore parmi les enfants

____

(1) Qu'il ne faut pas confondre avec une juste et sage liberté.

du Christ ; ses ministres avaient une seule foi, une seule doctrine ; ils prêchaient l'obéissance, la soumission, le respect aux lois ! J'avais cependant déjà suscité *Châtel* et quelques autres comme lui, qui me servaient avec zèle, mais sans talent et surtout sans adresse ; il me manquait dans le sacerdoce un homme d'une imagination ardente, d'un talent supérieur, d'une brillante réputation, capable d'exercer sur l'esprit des autres prêtres du Christ une puissante influence. J'avais frappé à plus d'une porte, et pour toute réponse on me montrait d'une main le Christ, et de l'autre l'autorité de l'Église ; on me disait : « Retire-toi, Satan ! » et je me retirais confus. Enfin, je t'ai trouvé, La Mennais, et tu as entendu ma voix : je t'ai fait journaliste, je t'ai dit de créer « l'Avenir », et tu m'as obéi. C'était un acheminement pour faire de toi un petit prophète... Tes doctrines ont été condamnées : elles devaient l'être parce qu'elles émanaient de moi. Tu as paru te soumettre à la décision du Pontife romain, tout en résistant quelque peu : c'est encore moi qui t'ai dicté cette règle de conduite, parce que l'heure n'était pas venue, parce qu'une résistance opiniâtre eût été maladroite ; il fallait paraître docile pour conserver tes partisans. On a cru à ta bonne foi : c'était un piége dans lequel beaucoup de gens sont tombés ; j'en ai souri et tous mes démons aussi, comme bien tu le penses.

La tranquillité commençait à renaître ; les passions politiques s'apaisaient ; les idées d'une folle indépendance disparaissaient devant le besoin du repos ; tout se calmait... A l'œuvre ! t'ai-je dit. Les torches de l'anarchie s'éteignent ; il est temps de les secouer de nouveau !... Aussitôt, fidèle à mes inspirations, tu as lancé au milieu du monde tes « Paroles d'un croyant », ouvrage digne de moi, et dans lequel tu t'es surpassé. Foi de Satan, je n'ai rien vu de mieux ! Ni les obscénités de Parny, ni les turpitudes de Voltaire, ni les folies de J.-J. Rousseau, ni les absurdités de Dupuy et de Volney ne m'amèneront autant de monde que les « Paroles d'un croyant ». Quel assemblage admirablement monstrueux de charité pour les uns et de haine pour les autres, de désirs de bonheur public et d'appels à la guerre civile, de douceur et d'amère exagération, de sentiments religieux et de parodie de l'Écriture !...

J'admire tes ingénieuses pensées pour exciter les peuples à sortir de l'esclavage, à secouer le joug des rois, à lever l'étendard de la révolte, à s'unir pour la conquête de leur liberté. Comme ce républicain d'odieuse mémoire, tu proclamas, mais en termes plus pompeux, que *l'insurrection est le plus saint des devoirs !* Moi, Lucifer, je n'aurais pas dit autre chose ; tu t'es identifié avec moi ! Plus de sujets, plus de distinction dans les rangs et les fortunes, plus de supériorité, plus d'obéissance, plus de maîtres, plus de serviteurs, plus d'autorité paternelle, plus de tribunaux, parce qu'il n'y aura plus de lois, plus de religion, surtout parce que toute religion suppose quelque supériorité ; plus rien enfin... que des frères !!! Quelle confusion ! quels troubles ! quel chaos !... Je m'en réjouis d'avance, car voilà où ton système conduira les hommes ! C'était aussi le mien, quand le Dieu que je suis forcé de reconnaître pour mon maître me précipita dans les abîmes infernaux ! J'avais, comme toi, voulu l'égalité !...

J'aime surtout les sept rois foulant aux pieds le Christ, buvant le sang humain dans les crânes humains... Quand Diderot voulait étrangler le dernier des rois avec les entrailles du dernier des prêtres, il n'en faisait pas une aussi belle peinture que toi ! Dans ces temps de désordre et de calamité où le vent de la persécution soufflait avec violence, où les têtes roulaient sur les échafauds, où les représentants d'un peuple *libre* faisaient couler à grands flots le sang innocent, et se torturaient à inventer des genres de mort plus expéditifs, où tout ce qui pouvait rappeler le Christ et sa doctrine étant banni avec la dernière rigueur, où la calomnie semblait avoir tout inventé, tout dit sur le compte des rois, on n'avait pas encore songé à les représenter *buvant le sang humain dans des crânes humains*. Ce progrès t'était réservé, illustre La Mennais ; maintenant tu peux cesser d'écrire... On ne saurait aller plus loin !!!...

Tant de zèle pour mes intérêts mérite une récompense, et tu l'obtiendras ; l'or ne saurait te suffire : tu es le loup ravisseur couvert d'une peau de brebis ; ta place est réservée près de moi ; tu seras mon premier ministre, et cependant tu demeureras l'égal des hommes dont tu auras fait le bonheur ! A bientôt, je t'attends : nous nous embrasserons en frères !...

LUCIFER.

100. Paroles d'une croyante ; par mademoiselle *Aimable Lebot*. Paris, Gaume frères, 1834, in-8 de 88 pages.

101. Réfutation de l'Avenir, selon La Mennais et Châteaubriand ; par *J.-C.-B. Bonnin*. Paris, Havard, 1834, in-8 de 32 pag.

102. Réplique de M. La Mennais. (Par M. *Alph. Viollet*). Paris, Duvernois ; au bur. du Grand-Livre, 1834, in-8 de 24 pag.

103. Deux mots sur la Réplique de M. l'abbé de La Mennais ; par H. F. J****. Paris, Duvernois, 1834, in-8 de 16 pag.

La *Réplique* n'est point de M. de La Mennais mais de M. Alph. Viollet.

104. Paroles d'un catholique, ou Défense de l'Ordre social ; par l'abbé *O. Vidal*. Paris, Méquignon junior, 1834, in-8 de 248 pages, 4 fr.

— Palabras de un catolico (impugnacion de las Palabras de un creyente), o Defensa del orden social, su autor el sr *O. Vidal*, traduction libre ; por el dr *Frey D. Antonio Guillem de Mazon*. Perpiñan, de la impr. de Alzine, 1835, in-12.

105. Deux mots de l'abbé de La Mennais, extraits des « Paroles d'un croyant ». Paris, de l'impr. d'Herhan, 1834, in-8 de 4 pag.

Signé : *F.-D. Demay*, officier destitué, mais non encore assommé ni aux galères, quoique combattant et décoré de juillet.

106. Réponse d'un chrétien aux « Paroles d'un croyant » ; par l'abbé *Bautain*. Strasbourg, Février, et Paris, Derivaux, 1834, in-8 de 96 pages, 2 fr.

107. Lettres de monseigneur *Tharin*, ancien évêque de Strasbourg, à M. le comte de S***, sur l'ouvrage de M. l'abbé de La Mennais, intitulé : « Paroles d'un croyant ». Lyon, Rusand, 1834, in-8 de 88 pages.

Dans un petit livre du même prélat, intitulé « Méditations religieuses et politiques d'un exilé », 2e édit. (Paris, Gaume frères, 1835), in-18, on trouve un chapitre, le 26e, intitulé *Un Génie tombé*. C'est une allusion très saisissante à M. de La Mennais, et fort juste.

« Où vas-tu, génie brûlant, coursier fougueux, tu ne sens plus le frein, tu cours aux abîmes ».

« Tu voulais être doux et docile, comme l'agneau sous la houlette du berger, et tu rugis comme le lion ; mais ta voix se perdra dans l'Église, ainsi que la voix du lion dans le désert ».

« Tu veux être le flambeau de l'Univers ; et depuis ta révolte, je ne vois sortir de ta belle intelligence que les ténèbres de l'erreur, et de ton cœur passionné que les fumées de l'orgueil ».

« Tu veux être un grand arbre sous lequel les oiseaux du ciel trouvent un abri salutaire au moment de la tempête ; et tu n'as plus de racines qu'à la surface du sol, et il ne faut qu'un coup de vent pour t'abattre ».

« La mer mugit contre le roc assis au fond de ses abîmes ; mais en vain elle le frappe jour et nuit : ses flots se brisent en écume contre la pierre, et se dissipent comme les nuages. Pauvre génie tombé ! tu ne seras qu'une vague légère, qui se brisera contre le rocher de l'Église ».

« Entends-tu sortir des entrailles de la terre ces mille voix confuses et funèbres qui t'appellent ? Ce sont les voix des enfants rebelles de l'épouse du Christ, qui n'ont pas dit avant leur dernière heure : Je me suis trompé, je me repens ».

« Jette un regard vers les collines éternelles ; et tu verras ton ange effacer, lentement, d'un air triste, ton beau nom sur le livre de vie. Arrête sa main par un cri de repentir. Il est temps encore. Ah ! pauvre génie tombé ! j'ai bien pitié de ton malheur ; aie pitié de toi-même ».

108. Lettre encyclique de notre saint-père le pape *Grégoire XVI* à tous les patriarches, primats, archevêques et évêques, du 25 juin 1834. Paris, impr. d'Adrien Leclère et Comp., 1834, in-8 de 15 pag.

Portant condamnation des « Paroles d'un croyant ». (Voy. la note du n° XXVI.

109. Lettre circulaire de M. l'évêque de Chartres (*Claude-Hippolyte Clausels de Montals*) au clergé de son diocèse, au sujet de l'encyclique de Grégoire XVI, portant condamnation des « Paroles d'un croyant ». Paris, de l'impr. d'Adrien Leclère et Comp. (8 sept.) 1834, in-8 de 63 pag.

110. Paroles (les) d'un croyant, revues, corrigées et augmentées, par un catholique (l'abbé *Wrindts*). Paris, Jeanthon, 1834, in-8, 4 fr.

Le texte de M. de La Mennais n'est pas reproduit dans cette glose ou critique ; et pourtant, lorsque ce livre parut, l'éditeur de l'ouvrage de M. de La Mennais présumant que le public pourrait être trompé par le titre et acheter l'un pour l'autre, intenta un procès à M. Jeanthon, et le tribunal le condamna à supprimer ce titre. Il fut remplacé par celui-ci : *Réfutation des Paroles d'un croyant, selon l'Église romaine ; par un catholique.*

111. Paroles d'un conciliateur catholique, ou de l'Esprit religieux au dix-neuvième siècle ; par *Victor Lagracerie*. Paris, Dérivaux, 1834, in-8 de 268 pages, 2 fr.

112. Lettres (deux) à l'auteur des « Paroles d'un croyant », avec le fac-similé d'une lettre de M. de La Mennais. (Par M. le marquis *de La Gervesais*). Paris, madame Goullet, 1834, in-18 de 108 pages.

Voy. plus bas le nº 114.

113. Paroles de providence; par madame *Clarisse Vigoureux*. Paris, Bossange père, 1848, in-8 de 236 pages, 5 fr.

114. Examen critique de l'ouvrage de M. l'abbé F. de Lamennais, intitulé : « Paroles d'un croyant ». Paris, Pihan-Delaforest, 1834, in-8 de 36 pages.

L'auteur termine cet écrit par ce paragraphe :

« Il ne nous reste qu'à prier Dieu de rappeler à l'humilité, au repentir, le cœur de M. l'abbé François (lisez Félicité) de La Mennais, et de lui faire miséricorde, s'il revient de son orgueilleuse frénésie ».

A la suite, et remplissant les pag. 33 à 36, est le *post-scriptum* que voici :

« Les derniers mots de l'opuscule qui précède exprimaient un vœu sincère, de notre part, pour la guérison mentale de M. l'abbé F. de La Mennais ».

« Mais voilà qu'au moment où nos pages sont sous presse, il nous tombe entre les mains une petite brochure toute récente, ayant pour titre : « Deux Lettres à l'auteur des Paroles d'un croyant », avec le fac-simile d'une « Réponse de M. de La Mennais », etc. » (Voy. le nº 112).

« Cette brochure est l'ouvrage d'un homme dont nous respectons l'âge et le nom, d'un homme qui a beaucoup écrit depuis quarante ans, mais qui n'a pas toujours su se préserver des écarts fréquents de son imagination ».

« Cet homme est M. le marquis de .... (La Gervesais); et M. le marquis de ....dit, dans sa seconde lettre : « Si le sort m'avait donné à débattre les conditions de l'existence, j'aurais *recusé* et d'être *homme* et d'être *Français*, et d'être *noble* (1), tant à chacun de ces titres, il y a honte à recueillir ! »

« Du reste, les deux lettres, et quelques autres pièces qui suivent, prodiguent à M. de La Mennais les éloges de l'enthousiasme le plus outré, non seulement pour son talent et son génie, mais encore pour la haute sagesse des « Paroles d'un croyant, » pour l'admirable conception d'un système qui nie la *légitimité des rois* et de *tout gouvernement quelconque*, qui ne reconnaît d'autre légitimité que la *légitimité sociale*, c'est-à-dire celle de l'association universelle des hommes appelés à vivre entre eux fraternellement, sans chefs, sans lois, sans tribunaux !... »

« M. l'abbé de La Mennais, cet écrivain d'un aussi beau talent, d'un si grand génie, répond en ces termes aux compliments du marquis de ....:

« Je crois, Monsieur, que nous nous rapprochons beaucoup pour le fonds « des idées, si nous ne sommes pas tout-à-fait d'accord. Il y a beaucoup à

---

(1) M. de La Gervesais était très orgueilleux de sa noblesse: elle n'était pourtant pas ancienne. Son père était un pêcheur, qui, ayant fait une belle fortune par le commerce de sardines, avait acheté le titre de marquis. Aussi son fils a-t-il été connu en Bretagne sous le sobriquet de *marquis de la Sardine*.

« faire *pour éclairer les esprits*, et cela demande du temps. *Je ne m'y épar-*
« *gnerai point en ce qui me concerne* autant que Dieu me donnera des for-
« ces. — Sauf le jugement trop favorable que vous portez de moi, *je ne*
« *trouve rien que de très vrai dans l'écrit que vous m'avez envoyé, et dont il se-*
« *rait bien désirable que les hommes de notre temps se pénétrassent*, etc., etc. »

« Ainsi donc, M. l'abbé de La Mennais, qui, par le malheureux ouvrage
que nous venons de critiquer, a causé dans le monde un déplorable scandale, et qui, pour ce même ouvrage, est sous le coup de la haute censure
ecclésiastique; M. l'abbé de La Mennais, que nous supposions confus et
repentant, écrit encore, de La Chénaie, sous la date du 9 août 1834, la lettre qui contient le passage ci-dessus transcrit : il annonce que tant que
Dieu lui prêtera force, il continuera d'*éclairer les esprits* dans le sens des
« Paroles d'un croyant »; il admet, comme *vérités* incontestables et conformes à ses propres doctrines, toutes les idées surprenantes que pro-
clame aujourd'hui M. le marquis de .... ».

« Pauvre abbé de La Mennais!... Est-il donc tout-à-fait en état de dé-
mence? »

« Si M. l'abbé de La Mennais n'est pas fou, nous passons de la pitié à
l'indignation : nous ne voyons plus en lui qu'un *fils de Satan*!... Nous n'a-
vons plus qu'à lui dire : *Errare humanum est, perseverare diabolicum*!... »

115. Paroles d'un homme, dédiées au croyant de La Mennais; par *Harro-
Harring*. Trad. de l'all. par *Emmanuel-Napoléon Perrot*. Strasbourg, Schuler, et Paris, Dérivaux, 1834, in-8 de 76 pages, 3 fr.

116. Satanasso e la Revoluzione, con trapposto alle Parole di un cre-
dente ; da *Ludovico de Haller*. Modena, 1836, in-8.

Ce n'est ici qu'une traduction. Nous ignorons où a paru l'original français, de cette réfutation des « Paroles d'un croyant ».

117. Pensées d'un croyant catholique, ou Considérations philosophiques,
morales et religieuses sur le matérialisme moderne, et sur divers autres
sujets, tels que l'âme de bêtes, la phrénologie, le suicide, le duel et le
magnétisme animal; par *P.-J.-C. Debreyne*. Paris, Poussielgue-Rusand ,
1839, in-8 de 50 filles 3/4, 5 fr. — IIIe édit., augm. Paris, le même, 1844 ,
in-8, 6 fr.

118. Voyant (le); par *Jos.-Prosper Enjelvin*. Clermont-Ferrand, Thibaud-
Landriot, et Paris, Gaume frères, 1839, in-8 de 28 filles 1/4, 6 fr.

119. Examen des « Paroles d'un croyant »; par M. *Du Plessis de Grenedan*.
1840.

Voy. le n° 137.

Troisièmes Mélanges (*N° XXVII*).

120. Réponse d'un prêtre catholique français à un article des Troisièmes
Mélanges de M. l'abbé de La Mennais. Paris, de l'impr. de Malteste ,
1835, in-8 de 16 pag.

Affaires de Rome (*N° XXVIII*).

121. Du dernier ouvrage de M. de La Mennais (Affaires de Rome); par

M. Sainte-Beuve. — Impr. dans la « Revue des Deux-Mondes »; octobre à décembre 1856.

M. Sainte-Beuve, grand admirateur de M. de La Mennais, n'a examiné les « Affaires de Rome » que sous le côté poétique, tel qu'il l'avait fait précédemment pour « l'Apocalypse du démon », ainsi qu'un illustre évêque a qualifié les « Paroles d'un croyant ».

M. Madrolle nous a transmis dans les notes de son « Histoire secrète du parti et de l'apostasie de M. de La Mennais » de piquants renseignements sur les rapports du poète avec le prêtre.

« M. de La Mennais avait assuré à tous ses anciens amis, qu'il avait rénoncé à toute publication ; qu'il emportait comme Bias, tout avec lui, en retournant à la Chesnaye ; et cela pendant les semaines qu'il employait à lire et à arrêter les épreuves de ses *Paroles* impies, avec un ami, chez un imprimeur et chez un libraire, du nouvel ordre. L'ami est M. Sainte-Beuve, il corrigeait d'une main les épreuves, et de l'autre il préparait l'apologie de l'œuvre pour la « Revue des Deux-Mondes ».

« Selon le nouveau disciple du *Croyant*, celui-ci « a des pages retrouvées dans « l'Imitation »! Il y a dans l'apologiste des révolutions « un reste du sang des *Machabées* »; les défenseurs élus du peuple de Dieu ; élus, si on peut le dire, par Dieu lui-même ? Cependant, comme il est refusé à l'audace de ne pas se mentir à elle-même, le panégyriste indiscret reconnaît que le philosophe n'est plus qu'un poète; qu'il ne luit pas, mais qu'il brûle : *Ardet plus quàm lucet* ; et que ses dernières *Paroles*, qui, dans le fait, effafacent ses écrits, « forment son volume de prédilection!!! »

Autre part, on trouve la déclaration suivante, imprimée par M. Sainte-Beuve : « Avec le temps, l'abbé La Mennais a compris que le Saint-Siége se refusait à verser présentement la *Doctrine régénératrice*, et qu'il demeurait PLUS SOURD QUE LE ROCHER (mot sacré dans un chiffre des « Paroles d'un croyant »), quoique le peuple eût soif dans le désert ».

Et puis, le disciple bien-aimé du nouveau Dieu dit encore, en toutes lettres : « la MÉTHODE DE LA LIBERTÉ A REMPLACÉ, chez l'abbé La Mennais, la MÉTHODE D'AUTORITÉ... Il a cessé d'invoquer directement le Saint-Siége pour l'œuvre temporelle ».

Qui eut cru qu'après un si chaleureux panégyrique, le doux M. Sainte-Beuve, l'homme au premier rang parmi les plus remarquables et des plus honorables de la littérature française actuelle, dût, moins de dix ans plus tard, abandonner patrie, famille et fortune pour échapper aux conséquences des doctrines qu'il avait préconisées ; et aller vivre tranquille, loin des agitateurs, des poètes révolutionnaires et des démagogues qui nous ont amené les journées, si peu poétiques, de juin 1848, et leurs suites!!!

Pauvres poètes ! de la vérité, si belle de sa noble simplicité, grâces aux oripeaux dont ils l'affuble, ils en ont fait ou un objet de risée, ou un épouvantable mégère.

Poésie! si enivrante pour les rêveurs disposés à t'employer selon les passions, tour à tour aux plus nobles et aux plus viles, ne pourras-tu donc, jamais saisir plus convenablement la vérité !

122. Première Lettre de M. l'abbé *Combalot* à M. F. de La Mennais en réponse à son livre contre Rome, intitulé : « Affaires de Rome ». Paris, Gaume frères; Debécourt, 1836, in-8 de 108 pag.; ou 2e édit., de 99 pag., 1 fr. 50. c. — Deuxième Lettre. Paris, les mêmes, 1837, in-8 de 189 pag.; 3 fr.

La première Lettre, datée de Châtenay, le 21 novembre 1836, a été imprimée à Lyon, chez Gabr. Rossary : elle a eu une seconde édition dans la même année. La deuxième Lettre a été imprimée à Paris, chez Béthune et Plon.

M. Combalot a été l'un des fervents disciples de M. de La Mennais, avant l'apostasie du prêtre; mais il a quitté le parti de ce dernier dès ses querelles avec Rome.

Les deux lettres de M. Combalot sont assez remarquables pour que nous extrayions de la première quelques passages, qui renferment des appréciations et sur M. de La Mennais et sur les *Affaires de Rome*.

« Le temps, qui calme et assoupit d'ordinaire les émotions les plus vives et les douleurs les plus désespérées, n'a pu encore affaiblir dans mon âme la profonde indignation qu'a fait naître en moi le livre, où, au déclin de votre carrière, vous avez eu l'inimaginable courage de consigner votre apostasie et la haine immense que vous inspire l'Église ».

« La chute d'un trône, l'exil de trois générations de rois, les sourdes agitations qui se font entendre au sein de nos sociétés artificielles, me causent, je l'avoue, moins de surprise que la révolution morale et intellectuelle qui s'est accomplie en vous ».

« Rien de plus ordinaire, en effet, que ces mutations politiques, dont il faut chercher l'origine et la source dans les ténébreux calculs de l'égoïsme et dans l'absence des doctrines qui président à la stabilité des empires ».

« Les phases de votre génie formeront un jour l'un des chapitres le plus curieux et les plus lamentables de l'histoire des variations de l'esprit humain ; car peu d'hommes, en politique, en philosophie, en théologie même, ont varié autant que vous, jusqu'au jour fatal où s'est consommé la ruine de votre foi « par ces modifications profondes que vous avez dû subir nécessairement ». Mais cet examen me mènerait loin. Je dois dire, cependant, que nul homme peut-être, ne posséda plus pleinement que vous les défauts de ses qualités. Votre génie est inflexible et absolu, et vous êtes plus poète que philosophe. Quand vous envisagez une question, quelle qu'elle soit, votre pensée synthétique s'imagine toujours la contempler dans ses rapports universels : vous croyez la tenir tout entière, et les conséquences les plus étonnantes, les plus extrêmes et les plus hardies jaillissent de votre raison. Mais, dès que le point de vue d'où vous la considérez a changé pour vous, et a fait naître des rapports inaperçus, vous n'en tenez aucun compte. Votre esprit procède à sa manière, et voilà la cause des incessantes modifications, ou plutôt des perpétuelles contradictions de votre vie politique et littéraire ».

M. l'abbé Combalot examine ensuite la nouvelle publication de M. de La Mennais.

« L'acte d'accusation que vous avez dressé, dans les *Affaires de Rome*, contre l'Église et contre son chef, et dans lesquelles vous avez ramassé, comme en un faisceau, tous vos blasphèmes, se résume ainsi : »

« Le Pape et la hiérarchie pontificale ont vendu la doctrine de Jésus-Christ aux tyrans. Pour prix de l'or qu'ils reçoivent des rois de la terre, ils ont marqué le livre des Saints-Évangiles du sceau du despotisme et de la servitude, et ils ont dit : « Peuples, obéissez aux hommes à diadème ; vos biens, vos vies, tout leur appartient : quoi qu'ils fassent, vous devez tout souffrir, sans résister, sans murmurer ; leur pouvoir est indéfectible, ils sont ici-bas les images de Dieu ».

« Quiconque a lu attentivement les *Affaires de Rome* sera forcé de convenir, que telle est la pensée dominante de cet ouvrage. C'est là le cauchemar de votre haine, et le cercle dans lequel tourbillonne incessamment votre raison tombée »

« Un examen sévère de l'opuscule sur *les Maux de l'Église*, démontrerait, peut-être, que déjà à cette époque votre foi avait reçu de cruelles atteintes, et qu'il s'y était fait des modifications effrayantes ; mais quel abîme vous sépare aujourd'hui de Frascati (1) ? Le savant religieux, dans le sein duquel vous versiez vos amères douleurs, vous regardait peut-être comme le Jérémie de ces tristes temps. Qu'il était loin de soupçonner que le livre, dont vous lui lisiez les pages brûlantes, était conçu dans un ordre d'idées qui subiraient bientôt de profondes et nécessaires modifications !

« Catholique et prêtre encore à Frascati, vous êtes devenu l'ennemi de l'Église et du sacerdoce ; et voilà le sens littéral de ces paroles désespérantes : « Il fut conçu dans un ordre d'idées qui ont dû nécessairement subir de profondes modifications »

« ... Quel est l'homme au monde qui, après avoir lu le livre que vous avez composé à Frascati, et qui n'offre qu'un développement *exagéré* des pensées principales exposées dans « l'Avenir », puisse se persuader que vous ayez attendu, avec un filial amour pour l'Église, dans le calme de cette retraite, la décision du Saint-Siége sur les doctrines de « l'Avenir ? »

« Méditez, Monsieur, l'épilogue sacrilége que vous avez placé à la suite des *Maux de l'Église*, et vous avouerez vous-même que cette pièce de poésie est une production délirante, qui suppose, non pas simplement « des modifications subies par une intelligence », mais une perturbation tellement profonde, qu'elle serait de nature à épouvanter l'enfer ».

« Ce dernier opuscule commencé à Rome ou à Frascati, pendant la halte de colère que vous y faisiez, en attendant l'examen de vos théories révolutionnaires, ressuscite, en les exagérant, toutes les doctrines de « l'Avenir », et récèle le germe de l'erreur monstrueuse que vous voudriez substituer au Protestantisme, pour n'avoir pas la honte de vous faire le disciple d'un moine apostat en cessant d'être celui de Jésus-Christ ».

123. Lettre (première) de *J.-J.-L. Goudard*, prêtre du diocèse de Greno-

---

(1) Lieu où ce livre a été composé.

ble, à M. l'abbé Combalot, à l'occasion de la première Lettre adressée par celui-ci à M. de La Mennais. Paris, Daubrée, 1837, in-8 de 188 pag.

Cette première Lettre n'a pas eu de suite.

124. Appendice à la dernière brochure de M. de La Mennais, intitulée : « Affaires de Rome » ; par un indigène du bassin septentrional de la Tournette. Traduit du manuscrit en italien par M. l'abbé ***. Chambéri, de l'impr. du Gouvernement, 1836, in-8 de 26 pages.

125. Rechute (la) de l'abbé de La Mennais ; par M. *Madrolle*. 1837.

Chapitre ajouté à la seconde édition de la « Logique d'un fidèle, ou l'on présente l'histoire du parti et la réfutation des ouvrages de M. l'abbé de La Mennais » ; par le même auteur. Ce chapitre a pour objet la critique des *Affaires de Rome* et les *Maux de l'Église et de la Société*.

126. Stances à M. l'abbé de Lamennais, à l'occasion de son dernier ouvrage intitulé : « Affaires de Rome » ; par l'abbé *L.-F.-E. (Eymin)*. Grenoble, Prudhomme, 1837, in-8 de 24 pag.

Quelques beaux vers, ce qui est déjà beaucoup, parmi d'autres assez faibles.

127. Premiers Chants, précédés de deux Épîtres à M. de Lamennais sur les « Affaires de Rome » ; par *Victor Davin* (de Veynes, Hautes-Alpes). Lyon, Pelagaud, Lesne et Crozet, 1837, in-12 de x et 112 pag.

L'une des deux Épîtres avait été déjà imprimée : Gap, J. Allier, 1837, in-8 de 15 pag.

Le Livre du peuple (*N° XXIX*).

128. Épître à M. l'abbé de La Mennais. (En vers) ; par M. le comte *A.-H. de Lahaye*. Paris, Hivert, 1837, in-8 de 16 pages.

129. Peuple (le) au citoyen La Mennais ; par *T. Dinocourt*. Paris, Bohaire, Delaunay, 1838, in-18.

130. Lettre (deuxième) à M. de La Mennais, à l'occasion de son « Livre du peuple », avec de nombreuses notes, et suivie d'une Notice biographique sur le même, de divers fragments d'un poème inédit sur la première révolution française, et d'une Notice sur les Camaldules, l'église de Saint-Grégoire, à Rome, etc ; par M. le comte *A.-H. de Lahaye*, Paris, Hivert, 1838, in-8 de 108 pages, 2 fr. 50 c.

131. Radicalisme (du) évangélique. « Le Livre du peuple » de M. F. de La Mennais ; par M. *Lerminier*. — Imprimé dans la « Revue des Deux-Mondes », IVe série, t. XIII, janv.-mars 1838.

132. Lettre à M. Lerminier sur son examen du « Livre du peuple » ; par George Sand [madame *Aurore Dudevant*]. — Impr. dans la « Revue des Deux-Mondes », IVe série, t. XIII, janv.-mars 1838.

133. Réponse à George Sand (madame Aurore Dudevant) (sur le précédent article) ; par M. *Lerminier*. — Impr. dans la « Revue des Deux-Mondes », IVe série, t. XIII, janv.-mars 1838.

134. Lettre à G. Sand, sur sa polémique avec M. Lerminier, à l'occasion

de M. de La Mennais; par *Edouard de Pompery*. Paris, Beaujouan, 1838,
in-8 de 38 pag., 75 c.

135. Abbé (l') de La Mennais devant le tribunal du peuple; par *Napoléon
Caillot*, membre de l'Académie du Prytanée. Avec cette épigraphe :

> Quand il parlerait d'un ton humble,
> ne vous fiez point à lui, parce qu'il y
> a sept replis au fond de son cœur.
>
> (Bible.)

Paris, imp. de L.-B. Thomassin et Comp. — Au bureau central, boulé-
vart du Temple, n° 46, 1838, in-8 de 192 pag.

136. Paroles (les) d'un homme du peuple; réfutation du « Livre du peuple », de F. de La Mennais; par *M. G. de Cuendias*. Toulouse, de l'impr. de
Valery; 1838, in-12 de 3 filles 2/3.

137. Examen des « Paroles d'un croyant » et du « Livre du peuple »; par
M. *Du Plessis de Grenedan*; Rennes, Frout, et Paris, Dentu, 1840, in-8 de
26 filles, 7 fr. 50 c.

138. Lettre à M. l'abbé de La Mennais; par un homme potence (M. *Cl.-
Théoph. Duchapt*, alors conseiller à la Cour royale de Bourges). (En vers.)
Paris; Schwartz et Gagnot, 1840, in-8 de 30 pag.

C'est sous la qualification d'hommes-potences que M. l'abbé de La
Mennais, dans son « Livre du peuple » désigne les magistrats du dernier gouvernement, magistrats qu'il a bien le courage d'assimiler aux
juges du tribunal de Fouquier-Tainville et aux membres des commissions
militaires de l'Empire et des cours prévotales de la Restauration. Voici
ses propres expressions :

« On a des juges dont le métier est d'expédier les accusés comme les
« bourreaux les condamnés, purs instruments de torture et de mort,
« HOMMES-POTENCES!! » (pag. 73).

A la page 93, il dit de la Société que c'est un *parc*, un troupeau de *bétail humain destiné par le pouvoir à assouvir ses convoitises.*

Note de l'opuscule.

Cet opuscule, qui renferme de beaux vers et de nobles pensées, était
prêt à être livré au public lorsque M. de La Mennais fut traduit pour la
troisième fois devant les tribunaux, et cette fois-ci condamné à la prison. L'auteur de cet opuscule eut la générosité de ne pas le mettre en cir-
culation. Nous reproduisons cette pièce, peu connue, parmi celles, qui, à
la fin de cette notice, forment les *stygmates de l'apostat.*

139. Un petit Livre philosophique à propos d'un autre petit livre qui ne
l'est pas (le « Livre du peuple »), de M. de La Mennais; par M. *Simonot*,
officier d'administration des hôpitaux militaires. 1843.

Impr. dans le volume de l'auteur intitulé « Jeanbouchedor; ses Contes
bigarrés et Discours en l'air », in-12.

De l'Esclavage moderne (N° XXX).

140. Réponse à M. de La Mennais sur l'esclavage moderne et le suffrage

universel; par *Adolphe Archier.* Paris, Adrien Leclère, 1840; in-8 de 32 pages.

Esquisse d'une philosophie (N° XXXII).

141. Sur l'Esquisse d'une philosophie, de M. F. de La Mennais; par M. *Jules Simon.* — Impr. dans la « Revue des Deux-Mondes, IV⁰ série, tome XXV (1841).

142. M. La Mennais réfuté par lui-même, à l'occasion de son ouvrage intitulé : « Esquisse d'une philosophie ». (Par M. l'abbé *Peltier.*) Paris, Debécourt, 1841, in-8 de 92 pages, 1 fr. 50 c.

143. Esquisse d'une critique sur « l'Esquisse d'une philosophie », par M. La Mennais; par *Alfred Vigneron,* avocat. De l'impr. de Faye, à Bordeaux. — Paris, les libr. du Palais-Royal; Hivert, 1841, in-8 de 80 pag.

Amschaspands et Darvands (N° XXXV).

144. Sur les Amschaspands et Darvands de M. de La Mennais; par *A. de Courcy.* — Impr. dans « le Correspondant »; tome II, pag. 250 et suiv.

145. De la Poésie de M. La Mennais, à l'occasion de : Amschaspands et Darvands; par M. *Lerminier.* — Imprimé dans la « Revue des Deux-Mondes », nouv. (5ᵉ) série, tome Iᵉʳ (1843).

IV. DU CATHOLICISME DANS SES RAPPORTS AVEC LA SOCIÉTÉ FRANÇAISE.

Des Sociétés bibliques (N° XL).

146. Lettre à M. l'abbé F. de La Mennais, sur son article intitulé : « Des Sociétés bibliques ».

Imprimée en 1819 dans le « Moniteur ». M. de La Mennais fit une *Réponse* à cette Lettre; elle a été réimpr. dans le premier recueil des « Mélanges religieux et philosophiques » de l'auteur, aux pages 343-63.

De la Religion considérée dans ses rapports avec l'ordre politique et civil (N° XLV).

147. A M. de La Mennais (sur son ouvrage intitulé : « De la Religion considérée dans ses rapports avec l'ordre politique et civil »). Avec cette épigraphe : *Medid autem nocte clamor factus est.* Lyon, de l'impr. J.-M. Boursy, 1825, in-8 de 26 pages.

Signé : *J.-W. Würtz,* vicaire de Saint-Nizier, à Lyon.

148. Épître à M. l'abbé de La Mennais; par *J.-P.-G. Viennet.* Avec cette épigraphe : *Tantæne animis cœlestibus iræ.* Virg. Æneid. Paris, Ladvocat, 1825, in-8 de 31 pag.

Vingt-cinq notes remplissent les cinq dernières pages.

Cette *Épître* a obtenu deux éditions en moins de trois mois.

149. Quelques mots sur des réflexions nouvelles de M. l'abbé de La Mennais; par le comte *J.-Denis de Lanjuinais.* 1826.

Impr. à la suite de l'opuscule intitulé : « Les Jésuites en miniature », ou le livre « du Jésuitisme » (de M. de Pradt) analysé.... Paris, Baudouin frères, 1826, in-18.

150. Lettre d'un grand-vicaire (M. l'abbé *Clausel de Coussergues*, membre du conseil de l'instruction publique) à un homme du monde, sur l'écrit de M. l'abbé de La Mennais, intitulé : « De la Religion considérée dans ses rapports avec l'ordre politique et civil ». Paris, Adr. Leclère et Comp., 1826, in-8 de 74 pag.

151. Quelques Observations sur le dernier écrit de M. l'abbé de La Mennais ; par un ancien grand-vicaire (M. l'abbé *Clausel de Coussergues*, membre du conseil de l'instruction publique, vicaire-général de Beauvais). Paris, Adr. Leclère, 1826, in-8 de 24 pag., 50 c.

152. Lettre de M. l'évêque de Chartres (*Cl.-H. Clausel de Montals*), à un de ses diocésains, sur un écrit de M. l'abbé de La Mennais, intitulé : « De la Religion dans ses rapports avec l'ordre civil et politique ». Paris, Adr. Leclère et Comp., 1826, in-8 de 80 pages, 1 fr. 50 c.

153. Gallican ultramontain (le), ou Défense des ultramontains contre leurs adversaires irréfléchis ou mal intentionnés ; par un Français catholique. Paris, Dentu ; Ponthieu, 1826, 2 part. in-8, ensemble de 160 pages.

154. Quelques Observations sur le dernier écrit de M. l'abbé de La Mennais ; par un ancien grand-vicaire (l'abbé *Clausel de Coussergues*). Paris, Leclère, 1826, in-8 de 20 pages, 50 c.

Ces Observations sont courtes ; elles sont écrites dans un but de conciliation. *En rejetant le système de l'abbé de La Mennais sur la manière d'entendre le pouvoir indirect de la puissance spirituelle sur la temporelle*, l'auteur ne croit pas avec les gallicans que *les nations ainsi que les particuliers doivent se laisser égorger comme un troupeau de moutons, le souverain fut-il pire que Néron, Caligula, Henri VIII*. Les *erreurs* de l'auteur de l'*Essai sur l'Indifférence* sont à ses yeux *des peccadilles qu'on doit pardonner à cet illustre Breton*.

155. Nouvelles Observations sur l'ouvrage de M. l'abbé F. de La Mennais, intitulé : « De la Religion considérée dans ses rapports avec l'ordre politique et civil, et sur diverses apologies de cet auteur, avec une courte Réfutation de certains jugements portés sur les discours de M. l'évêque d'Hermopolis, relatifs aux affaires ecclésiastiques » ; par un ancien grand-vicaire (M. l'abbé *Clausel de Coussergues*, membre du conseil de l'instruction publique, vicaire-général de Beauvais). Paris, Adr. Leclère, 1826, in-8 de 68 pag., 1 fr. 25 c.

156. Dernières Observations sur le dernier ouvrage de M. F. de La Mennais et sur les nouveaux écrits de ses apologistes ; par un ancien grand-vicaire (M. l'abbé *Clausel de Coussergues*, membre du conseil royal de l'instruction publique). Paris, Adr. Leclère, 1826, in-8 de 68 pages, 1 fr. 50 c.

157. Enfin un mot sur divers écrits intitulés : Quelques Observations, nouvelles Observations, Réflexions diverses, etc., etc., d'un ancien grand-vicaire ; par *un ancien professeur, qui appelle un chat un chat...*; ou Enfin

un mot sur ce M. Clausel. De l'impr. d'Ant. Boucher, à Paris. Paris, les march. de nouv., 1827, in-8 de 54 pag.

Défense de M. de La Mennais et de son école contre MM. les gallicans et M. Clausel de Coussergues, dont ce dernier s'est constitué le champion.

En tête de cet écrit, on trouve le court avis suivant :

« M. l'abbé Clausel, qui, dans ses élucubrations théologiques, suit le précepte d'Horace, et va toujours *crescendo*, vient de se surpasser encore dans son dernier mot sur le « Mémorial ». Il y dénonce la « Société catholique des bons livres » comme ayant les mêmes doctrines que le « Mémorial », c'est-à-dire selon lui, des *doctrines subversives de la saine philosophie et de la foi*; il y traite de Vadius et de Trissotin, les savants et les pieux auteurs qui se livrent à cette bonne œuvre ; et *se fait*, dit-il, *un devoir de conscience* de mettre sous les yeux des évêques un *programme* rempli de *folies* qu'elle a publié, etc., etc. »

« Persuadé que la « Société catholique » répondra pour elle, et MM. du « Mémorial catholique » pour eux, nous laisserons l'impudent Zoïle dans sa dernière brochure, espérant toutefois que son supérieur lui fera incessamment administrer quelques remèdes, si mieux il n'aime s'en séparer et l'envoyer à Antycire ».

« Nous prévenons aussi que tout ce qui est en *italiques*, dans le cours de cet écrit, appartient à M. l'abbé Clausel ».

Les termes de cet avis établissent suffisamment que tout l'écrit n'est qu'un pamphlet d'un des hommes du parti lammenaisien.

158. Lettre à M. l'abbé La Mennais. Paris, Delaforest ; Boucher, 1826, in-8 de 28 pag.

M. de La Mennais a répondu à plusieurs de ces critiques.

Des Progrès de la Révolution... (N° *XLVI*).

159. Mandement de M. l'archevêque de Paris (*de Quélen*) sur la mort de Léon XII et sur l'ouvrage de M. de La Mennais, intitulé : « Des Progrès de la Révolution, etc. Paris, Adr. Leclère, 1829.

M. F. de La Mennais répondit à ce Mandement par deux lettres. (Voyez le n° LXVII).

160. Courtes Observations sur l'écrit intitulé : « Des Progrès de la Révolution. (Par M. *Arbaud*, évêque de Gap.) 1828.

Imprimé dans le n° 63.

161. Lettre de M. *de Frenilly* à M. de *** (de Bonald), pair de France, sur le livre de M. l'abbé de La Mennais, intitulé : « Des Progrès de la Révolution et de la guerre contre l'Église. 25 février 1829. Paris, J.-J. Blaise, 1829, in-8 de 66 pages.

162. Réponse de M. de *** (le vic. *de Bonald*), pair de France, à la Lettre qui lui a été adressée par M. de Frenilly, au sujet du dernier ouvrage de M. l'abbé de La Mennais. Paris, A. Leclère et Comp., 1829, in-8 de 23 pag.

163. Sur l'ouvrage de M. de La Mennais, intitulé : « Des Progrès de la Révolution et de la guerre contre l'Église » ; par M. le baron *d'Eckstein*. 1829. — Imprimé dans le recueil intitulé « le Catholique ».

164. Un mot sur la conduite politique des catholiques belges, des catholiques français et sur l'ouvrage de M. de La Mennais, intitulé : « Des Progrès, etc. » par M. le comte *Félix de Mérode*. Bruxelles, 1829, broch. in-8.

165. Simiel et Sabaoch, dialogue ; par M. le comte *Arthur O'Mahony*. 1829. — Imprimé dans le « Mémorial catholique », février 1829.

L'esprit est, comme on le pense bien, la chose qui y manque le moins. Ce petit écrit, qui s'annonce sous une forme plaisante, est pourtant souvent sérieux et donne beaucoup à penser.

166. Progrès (des) de la guerre contre les sens commun, ou M. l'abbé de La Mennais jugé par les conséquences de ses principes ; par l'abbé *Leroy de Chantigny*. Paris, rue Hautefeuille, n° 20, 1829, in-8 de 96 pages.

167. Observations sur la brochure de M. F. de La Mennais, intitulée : « Des Progrès de la Révolution et de la guerre contre l'Église » ; par M. l'abbé *Flottes*. Montpellier, Virenque, 1829, in-8 de 24 pag.

168. Compte-rendu des Observations de M. l'abbé Flottes sur l'ouvrage de M. F. de La Mennais, ayant pour titre : « Des Progrès de la Révolution et de la guerre contre l'Église ; suivi de Réflexions sur un article de M. le comte O'Mahony, inséré dans le « Mémorial catholique » (février) ; par M. *C. Huart*. Montpellier, Virenque, 1829, in-8 de 40 pag.

V. POLITIQUE.

LOIS ET INSTITUTIONS DE LA FRANCE AU POINT DE VUE DES IDÉES
ULTRAMONTAINES, AGITATRICES ET RÉVOLUTIONNAIRES
DE M. DE LAMENNAIS.

In quatuor articulos declarationis anno 1682 editæ aphorismata
(*N° LXXXIII*).

169. Instruction pastorale de Mgr l'évêque de Chartres (*Cl.-Hipp. Clausel de Montals*) au sujet des attaques livrées dans ces derniers temps à la religion et à ses ministres. Paris, Adr. Leclère et Comp., 1826, in-8 de 50 pag., 1 fr.

En faveur des libertés de l'Église gallicane, contre les doctrines de M. de La Mennais.

170. Aphorismata opposita aphorismatibus in quatuor articulos declarationis anno 1682 editae, auctore *J. L.* (*Jean Labouderie*). Parisiis, Moutardier, 1826, in-8 de 8 pages.

171. Antidote contre les Aphorismes de M. F. D. L. M. Par un professeur de théologie, directeur de séminaire (l'abbé *P.-D. Boyer*, alors directeur du séminaire Saint-Sulpice). Paris, Adrien Leclère, 1826, in-8 de 20 pag. — Seconde édition. Paris, le même, 1826, in-8 de 144 pag.

172. Lettres d'un théologien catholique romain et bon français à un homme en place qui lui avait manifesté la peine que lui causaient les discussions qui viennent de s'élever au sujet des quatre articles de 1682 et les craintes qu'il en concevait pour l'avenir. Lons-le-Saulnier, 1827, in-8 de 96 pag.

Cinq lettres.

173. Aphorismatibus in quatuor articulos declarationis anno 1682 editae, ad juniores theologos, auctore F. D. L. M.; alia apponuntur aphorismata, auctore *J.-B.-M. F.* (*Flottes*). Monspeliensis, Aug. Seguin, 1826, in-8 de 8 pages.

Politique à l'usage du Peuple (N° CXXV).

174. Politique (de la) à l'usage du peuple, de M. F. de Lamennais; par M. *Paulin Lymayrac.* Paris, Dentu, 1840, in-8 de 108 pag., 3 fr.

Imprimé d'abord dans la « Revue du dix neuvième siècle », seconde série, 1840, tome VI.

Le Pays et le Gouvernement (N° CXXX).

175. Procès de M. F. La Mennais devant la Cour d'assises, à l'occasion d'un écrit intitulé : « le Pays et le Gouvernement ». Relation complète, contenant les faits préliminaires, le réquisitoire, les plaidoiries, tous les passages incriminés, l'opinion des journaux, etc. Suivie d'une Notice biographique et littéraire sur M. F. La Mennais; par M. *Elias Regnault.* Paris, Pagnerre, 1841, in-8, 1 fr.

Du Passé et de l'Avenir du Peuple (N° CXXXI).

176. M. La Mennais refuté par lui-même, ou Examen critique du livre intitulé : « Du passé et de l'avenir du peuple »; par *T. Dezamy.* Paris, Prevost; Rouanet, 1841, in-32.

Projet de Constitution (N° CXXXIV).

177. Examen critique de quelques articles du projet de Constitution publié par M. Lamennais; par *un Belge.* Lille, F. Bracke; et Paris, tous les libraires, 1848, in-8 de 24 pages, et in-12 de 48 pages.

En tête de cet opuscule, on lit l'avis suivant *au lecteur :*

Si je croyais pouvoir critiquer tous les articles du projet de Constitution de M. Lamennais, je tomberais à côté de ce célèbre abbé dans une grave et prétentieuse erreur : je supposerais qu'un seul homme pût rédiger les lois fondamentales d'un grand peuple. — L'Assemblée nationale a jugé qu'il fallait dix-huit capacités spéciales pour faire le projet de Constitution et elle a jugé très sagement.

Je ne parlerai que de ce que je connais, de ce que l'expérience m'a appris et qu'une conviction raisonnée m'a fait mettre en principe. Je critique un très petit nombre d'articles et je ne parle que de quelques autres qu'en passant. — C'est surtout de ce qui a rapport à l'enseignement que j'ose parler et dont je crois devoir parler afin de prévenir les amis du bien public.

178. Réforme communale et départementale. — Impr. dans le journal « le Commerce », nos des 6 et 7 septembre 1848, et reproduit par « la Patrie ».

Dans le second article de cet écrit, l'auteur reconnaît qu'il est en désaccord avec M. de La Mennais, qui l'a précédé dans cette voie.

« La commune cantonale de M. La Mennais est loin d'être une nouveauté. Sous l'ancien Directoire, la France a déjà fait l'expérience de ce
système, dont les résultats n'ont pas répondu aux espérances qu'il avait
données. La Constitution du 5 fructidor an II supprima les districts, autrement dit, les arrondissements. En même temps elle fit de chaque chef-
lieu de canton le siége d'une municipalité dont l'action s'étendait à plusieurs communes, dans chacune desquelles existait un simple agent municipal, préposé à la tenue des registres de l'État civil. Cette même constitution décida qu'un commissaire du gouvernement nommé par le pouvoir
central serait institué auprès de chaque administration cantonale ».

« Ainsi, M. La Mennais ne s'est pas mis en grands frais d'imagination
quand il a proposé la commune cantonale. Non seulement il n'a rien innové dans cette matière ; mais il est même difficile de copier avec plus de
servilité qu'il ne l'a fait une constitution dont l'essai malheureux ne semblait cependant pas devoir l'encourager à jouer, à l'égard des législateurs
de l'an II, le modeste rôle de plagiaire. Il est évident que M. de La Mennais obéissait vaguement à des préoccupations de même nature que les
nôtres. Le point de départ de ses vues est nécessairement cette conviction où nous sommes qu'il existe un nombre considérable de communes
infimes et impuissantes qui ne peuvent que gagner à être groupées autour
d'un centre administratif plus important. Mais ses opinions étant plus instinctives que raisonnées, il a pu facilement errer sur le terrain de la pratique, tout en étant dans le vrai sur le terrain de la théorie ».

Avant tout, est-ce bien aujourd'hui qu'on pourrait songer à créer un
nouveau corps d'administrateurs ? »

VIII. M. F. DE LA MENNAIS, JOURNALISTE,

(N° CLXVI).

179. Esprit de MM. de Châteaubriand, Bonald, La Mennais, Fiévée, Salaberry, Labourdonnaye, Castel-Bajac, d'Herbouville, O'Mahony, Martainville, Jouffroi, Sarran, etc., etc., ou Extraits de leurs ouvrages politiques
et périodiques depuis la Restauration jusqu'à ce jour. (Par le baron
Satgé). Paris, A. Egron, 1819, in-8, 3 fr. 50 c.

180. Coup-d'œil (nouveau) sur le « Mémorial catholique »; par un ancien
grand-vicaire (M. l'abbé *Clausel de Coussergues*, conseiller au conseil de
l'instruction publique, vicaire-général de Beauvais). Paris, Adr. Leclère
et Comp.; 1827, in-8 de 53 pages, 1 fr. 25 c.

181. Encore un mot sur le « Mémorial et ses doctrines subversives de la
saine philosophie et de la foi » ; par M. l'abbé *Clausel de Coussergues*, conseiller au conseil d'instruction publique, vicaire-général de Beauvais. Paris, Adr. Leclère, 1827, in-8 de 60 pag., 1 fr. 25 c.

182. Mémorial catholique (le), la Société catholique et l'Encyclopédie
catholique ne font qu'un, ou Justification d'un écrit intitulé : « Encore
un mot sur le « Mémorial », etc.; par M. l'abbé *Clausel de Coussergues*,
conseiller au conseil royal de l'instruction publique, vicaire-général de
Beauvais. Paris, Adrien Leclère, 1837, in-8 de 56 pag., 1 fr.

183. Réflexions diverses sur les écrits de M. l'abbé F. de La Mennais, et sur le « Mémorial »; par un ancien grand-vicaire (M. l'abbé *Clausel de Coussergues*, membre du conseil royal de l'instruction publique). Paris, de l'imp. d'Adr. Leclère et Comp., 1826, in-8 de 55 pag., 1 fr. 50 c.

Dans un court Avertissement placé en tête de cet écrit, l'auteur dit :

En publiant nos « Dernières Observations sur l'ouvrage de M. de La Mennais et sur les écrits de ses apologistes », nous avions cru terminer nos débats avec MM. du « Mémorial ». Nos espérances ont été trompées. Dans le numéro du mois de septembre qui vient de s'écouler, trois de nos adversaires répondent tour à tour, et chacun à sa manière, à nos « Observations ». Toutefois, il est probable que nous n'aurions opposé que le silence à leurs interpellations un peu rudes, si d'autres considérations ne nous avaient fait un devoir de reprendre une tâche que nous croyions achevée. Plusieurs archevêques, qui ont eu la bonté de lire nos « Observations » avec une bienveillance et un intérêt que nous rapportons entièrement à la cause que nous avons essayé de défendre, nous ont fait l'honneur de nous écrire pour nous témoigner le regret que ces « Observations » fussent les « dernières », et en nous engageant à continuer un travail qu'ils ne jugent pas inutile, ils ont bien voulu nous indiquer quelques points de cette controverse que nous n'avions pas encore développés. De tels suffrages font oublier facilement l'amertume de quelques écrivains, et nous faisons volontiers, à des conseils honorables, le sacrifice de nos propres pensées et de notre répugnance.

« Le titre des « Dernières Observations », que portait notre dernier écrit, nous a déterminé à donner celui de « Réflexions diverses » à ces nouvelles remarques. MM. du « Mémorial » ne verront peut-être dans ce changement qu'une distinction subtile, mais nous espérons qu'elle nous sera pardonnée par tous ceux qui ont lu avec quelque satisfaction nos précédents écrits ».

184. De M. de La Mennais et de son journal « l'Avenir ». — Impr. dans la « Revue de Paris », tome XXII (1831).

185. Courte Réponse à M. de Châteaubriand, avec un mot à M. de La Mennais. (Par M. le comte *Desnos*). Paris, de l'impr. de Béthune (vers 1831), in-8 de 8 pag.

Contre les doctrines de « l'Avenir ».

L'exemplaire que nous avons tenu entre les mains a de plus, à la fin, un feuillet, non paginé, extrait en grande partie de « l'Origine des sociétés », etc., de M. l'abbé Thorel.

186. Lettre encyclique de notre saint-père le Pape *Grégoire XVI* à tous les patriarches, primats, archevêques et évêques. Rome, le 18 septembre 1832. Paris, libr. d'Adrien Leclère et Comp., 1832, in-8 de 29 pag.

Contre les doctrines de « l'Avenir ».

187. Lettre encyclique (nouvelle édition) et Brefs de notre saint-père le Pape *Grégoire XVI*. — Circulaire de M. l'évêque de Rennes et Lettres de M. de La Mennais. Paris, de l'impr. d'Adr. Leclère et Comp., 1833, in-8 de 79 pag.

Sur le recto du deuxième feuillet de cette seconde édition, on lit la note suivante :

« On a cru utile de recueillir toutes les pièces officielles relatives à une affaire qui occupe beaucoup en ce moment, le public religieux ; on donne ces pièces dans leur ordre naturel et sans réflexions. On a seulement ajouté une note après les lettres de M. de La Mennais ».

188. Quelques Réflexions sur la lettre encyclique. (Extrait de là « Revue européenne) ». Paris, de l'impr. de Béthune, s. d., gr. in-8 de 26 pag.

Sur la ligne politique suivie par « l'Avenir », condamnée par la Cour de Rome.

189. A M. de La Mennais; par *H. de La Rochejacquelein*. Paris, 28 avril 1848. (Paris, de l'impr. d'A. René), 1848, in-8 de 8 pag.

Réponse à quelques articles violents du « Peuple constituant » contre les *légitimistes*, que, dans sa bonne foi M. de La Rochejacquelein affirme n'exister qu'à l'état imaginaire de parti.

190. Un Évangélisant. — Imprimé dans le « Corsaire » du 7 juillet 1848.

Article trop spirituel, et d'ailleurs très court, pour que nous résistions à le donner ici.

« Voilà l'ex-abbé La Mennais qui met décidément « le Peuple constituant », journal socialiste, au dessus de l'Évangile ».

« L'Évangile est un petit livre qui obtint autrefois à son apparition une certaine vogue ; il eût douze éditeurs, nommés apôtres, qui le répandirent dans le petit Univers alors connu. Ces éditeurs furent décapités ou crucifiés à cause de ce livre, ce qui n'est jamais arrivé encore au gérant du journal de M. La Mennais, ni M. La Mennais lui-même ».

« Chez les Corinthiens, les Galates, les Éphésiens, les Alexandriens, le petit volume fut tiré à un nombre inouï d'exemplaires. Des légions romaines qu'on appelait la *Foudroyante* et la *Victorieuse*, ayant pour colonels Maurice et Victor, se firent massacrer pour l'Évangile. Jamais succès pareil. Homère fut éclipsé ».

« Entre autres choses remarquables, ce livre disait : *Celui qui s'abaisse sera exalté, celui qui s'élève sera abaissé. — Ne fais pas à autrui ce que tu ne voudrais point qu'il te fût fait. — Heureux ceux qui souffrent parce qu'ils seront consolés. — Aimez Dieu et votre prochain, voilà la loi et les prophètes.* »

« L'ex-abbé La Mennais arrive mil huit cent quarante-huit ans après l'Évangile, et publie le « Peuple constituant », feuille socialiste adressée nécessairement au peuple. Il y a cette différence pourtant que l'Évangile des apôtres se délivre gratis dans les églises, et que le « Peuple constituant » se vend 24 fr. par an. Aussi, le peuple ne balance pas un instant, il va écouter l'Évangile à Saint-Eustache ou à Notre-Dame, et il achète pour 24 fr. de pain, de viande et de vêtement. Il n'y a pas encore de journal qui vaille cela ».

« L'ex-abbé de La Mennais est un homme de talent et de style, qui paraît garder un ressentiment profond de ce qu'on ne l'a pas nommé pape.

C'est pour cela qu'il s'est jeté dans toutes les fureurs de la démagogie, et qu'il publie un Évangile socialiste au prix de 24 fr. par an. »

« On trouve de tout dans cet Évangile, excepté une parole évangélique.
Toute phrase y récèle l'inimitié. Point d'alinéa qui ne demande que l'a-
ristocratie soit jetée en pâture aux bêtes du Cirque. Des forcenés qui
viennent d'ensanglanter la ville et de remplir Paris d'orphelins, M. de La
Mennais en fait des anges parés de blanches ailes ».

« Chose bizarre! dans l'incroyable Évangile dont nous parlons, quand
on vint à lire le mot de pardon, il se trouve placé immédiatement auprès
de celui de haine. — Pardon pour les insensés qui ont organisé les ouvriers
des faubourgs en hordes assassines, haine à ceux qui les ont contraints à
mettre bas les armes! Ceux-là n'ont ni cœur, ni entrailles, ni pitié, ni
conscience, ni sentiments d'humanité; il est évident qu'ils ne demandent
que l'effusion du sang, — du sang des anges ».

« Ils osent invoquer la voix de la justice, c'est une cruauté inqualifiable;
ils ne craignent pas de dire que celui qui a tiré sur la milice citoyenne
est un parricide; c'est un indice de férocité peu commune. — Ils soutien-
nent qu'on doit éloigner à jamais de nos murs les braves gens qui ont
coupé les bras des gardes mobiles, à l'aide de couperets, et qui ont
mutilé le brave général Bréa; c'est attentatoire à la liberté des opinions ».

« Telle est pourtant la thèse étrange soutenue par l'ex-abbé depuis le
29 juin. Il faut cependant que M. de La Mennais le sache, il n'y a pas de
forme ni de style qui puisse jamais faire tolérer des idées si contraires à
la morale publique et à la loi divine ».

Le « Peuple constituant » a donné lieu à un grand nombre de sévères
et justes critiques. Parmi ces critiques, nous choisirons encore la suivante,
que nous tirons du petit journal, intitulé : le « Paysan du Danube », juillet 1848. Elle renferme un portrait peu flatté de M. de La Mennais, et
pourtant très ressemblant.

191. *L'abbé de La Mennais*. — Entre tous les prêtres, voilà certainement le prêtre le plus bilieux, le plus haineux, et conséquemment le
moins chrétien de toute la chrétienté.

Au milieu du râle du « Peuple constituant », hier, dans les contorsions
de la rage du désespoir, il a comme un pécheur endurci qui expire dans
l'impénitence, lancé à la face de tous la menace, les imprécations et l'a-
nathème.

Mais que veut donc enfin cet homme?

Après avoir prêché la suprématie de Rome, il a insulté la papauté; —
Après avoir proclamé la légitimité, le plus pur rayonnement du pouvoir
divin sur la terre, il l'a reniée et flagellée.

Après avoir exalté la souveraineté du peuple, le voilà qui s'insurge
contre la suprême volonté de tous; il ameute contre la société la partie
troublée de la nation; il soulèverait des plus bas fonds du bourbier pari-
sien, des sentines les plus impures de l'égout populacier, les ex-pension-
naires et les hôtes du bagne, les voleurs de profession, les sicaires à la
solde de tous les partis, les lépreux et les pestiférés dont l'aspect dégoûte
ou le contact est mortel; enfin, il soufflerait volontiers dans tous les cœurs
gangrenés et malades la haine qui déborde du sien.

Et quelle peut-être l'espérance de cet homme? quels sont ses desseins? qu'il le dise!

Lui appartient-il de protester contre la violation d'un droit, lui qui n'a jamais su accomplir un devoir?

Prêtre, par quel grand ou simple exemple a-t-il prêché?

Il a scandalisé l'Église par ses déportements, et l'Église lui a interdit l'approche du sanctuaire ;

Citoyen, quels signalés services a-t-il rendus à l'État?

Au nom d'une liberté sans bornes, d'une égalité chimérique, d'une fraternité qui n'est pas dans son cœur, il a promené sur la société la torche de l'incendiaire ; et aujourd'hui que cette torche lui est arrachée de la main, et qu'il désespère de voir réaliser son abominable rêve, il lance contre l'ordre et la société les plus fougueuses imprécations.

Honte éternelle à ce prêtre dont l'âme fut en tous les temps sans amour et sans charité! Honte éternelle à l'écrivain dont la plume a toujours distillé le fiel et la haine, et qui a établi sur la désolation et le deuil les fondements impies de son effroyable popularité.

N'en doutons pas, un jour, ce nouveau Mathan, dans l'épouvante de son passé et dans l'effroi de son avenir, dira, comme le prêtre de Baal :

> Au comble de ma gloire,
> Du Dieu que j'ai quitté l'importune mémoire
> Jette *au fond* de mon âme une *sombre* terreur ;
> Et c'est ce qui redouble et nourrit ma fureur.
> Heureux, si, sur son temple achevant ma vengeance,
> Je puis convaincre enfin sa haine d'impuissance,
> Et parmi les débris, le ravage et les morts,
> A force d'attentats perdre tous mes remords !!!

Pr. P.

192. Grand procès fait au « Peuple constituant ». La République du bon sens. Paris, Alex. Pierre, 1848, in-fol. de 2 pag. à 3 colon.

Écrit qui porte le nom de l'abbé de Lamennais, mais qui n'est pas de lui.

Ce *canard* a été reproduit huit jours plus tard, sous le titre de *la Colère de M. l'abbé de Lamennais*. Paris, Alexandre Pierre et Cie, in-fol. d'une demi-feuille à 3 colonnes.

193. Lettres parisiennes. La Semaine des cautionnements. A M. Lamennais. Avec cette épigraphe : Tombe, tombe, feuille éphémère. *Millev.*, 25 juillet 1848. Paris, Lévy, éditeur, rue du Cadran, n° 15, 1848, in-fol. de 2 pag. à 3 colonnes.

Signé *Carloman*.

C'est une feuille volante, très bonne à conserver ; aussi la reproduisons-nous ici. Elle renferme une appréciation du caractère de M. de La Mennais, qui n'est malheureusement que trop juste.

Parmi les feuilles nombreuses dont le mois de juillet a été le dernier mois d'automne venait, certainement en première ligne, par son éloquence épileptique, celle enrichie de votre collaboration, le « Peuple constituant » ;

qui, martyr du cautionnement, a trouvé du moins, dans la solennité de sa mort, une compensation à la brièveté de sa vie.

Faisant une spéculation morale, tant sur l'attention religieuse qu'on accorde toujours aux dernières paroles d'un mourant que sur le charlatanisme d'un encadrement noir, vous aviez réservé, pour le numéro de ce journal *in extremis*, votre venin le plus subtil, vos menaces les plus furieuses.

La spéculation a été bonne, dans un sens ; tout Paris a lu vos sinistres adieux, qui, s'ils ne vous ont pas fait des prosélytes, vous ont ont récolté d'innombrables malédictions.

Et pour vous, récolter des malédictions, c'est faire une heureuse moisson ; puisque c'est donner par réciprocité, un débouché au fiel que renferme votre cœur.

Il est vrai que pour détester et maudire vous n'avez pas besoin de motifs.

Comment votre cœur seul peut-il suffire à contenir tant de haine ? Ne déborde-t-il pas de trop plein ? Ne craignez-vous pas que, se brisant, toute votre fortune vous échappe ? Car la haine est votre trésor, et, vous le savez, on meurt de rage et de colère.

Qui donc vous a assuré que la faculté de haïr vous sera donnée dans un autre monde ?

Votre enfer à vous serait d'aimer et de pardonner.

Mais quel est donc votre but ? Où voulez-vous en venir ?

Seriez-vous l'un des adeptes de cette secte nouvelle, qui, voulant s'établir sur les ruines de la Civilisation et les décombres des villes, demande l'abolition de la famille et l'anéantissement de la propriété ?

Prêtre, vous avez tenté de saper le Catholicisme ; citoyen, voudriez-vous renverser la Société ?

La Société vous repousserait comme l'Église vous a chassé.

Votre dernier cri est celui du tigre muselé, c'est l'expression suprême de la rage qui se sent maîtrisée.

Pendant vos nuits fiévreuses, sans tranquillité pour le présent, sans espérance pour l'avenir, cherchant en vain le sommeil qui vous fuit, ne vous est-il jamais arrivé de jeter un long regard vers le passé et d'arrêter votre pensée sur le jour où, n'écoutant que les conseils d'un orgueil indomptable, vous refusâtes de courber la tête sous la censure du pasteur dont, prêtre, vous aviez reconnu la domination indiscutable ?

C'est de ce jour de première humiliation que datent vos premiers pas dans les sentiers perdus.

N'avez-vous pas souvent relu, avec des larmes peut-être, cette bulle qui, vous frappant d'interdit, vous chasse du giron de l'Église, qu'après quinze ans d'études vous aviez adoptée comme la seule véritable ?

Lorsque dans le fiel de votre cœur vous élaborez ces écrits ; semant la discorde, prêchant la vengeance ; respirant la haine, vous souvenez-vous que ce cœur avait juré de n'avoir que des pensées de paix et de charité ?

Et dans cette main qui trace les lignes dictées par le cœur, voyez-vous la main qui tenait l'hostie consacrée, symbole de pardon et d'amour ?

N'est-ce pas que la pente est rapide, qu'une fois engagé dans le labyrinthe des erreurs, n'ayant pour conducteur que l'orgueil, il est bien difficile de retrouver le droit chemin? Tout pas fait en avant est une impossibilité de plus au retour à la lumière, et à chaque pensée d'un pas en arrière votre guide vous crie : *En avant, marche, marche toujours !*

Que votre âme hautaine a dû souffrir de sa première humiliation, pour vous avoir ainsi amené d'échelons en échelons, de chutes en chutes, où vous en êtes aujourd'hui.

Vous êtes à plaindre ! vous l'êtes d'autant plus que vous reconnaissez la main de Dieu qui, pour confondre votre orgueil, vous a frappé de vertige, car vous n'êtes pas tellement atteint de cécité que, pour vous, lumières et ténèbres soient une seule et même chose.

Votre lucidité fait votre première douleur ; vient ensuite votre isolement, qui déchire votre cœur en abaissant votre esprit.

Quoi ! avec votre éloquence sublime, votre génie incontestable, vous ne trouvez pas une tente où vous réfugier, vous n'avez personne qui veuille accepter sa part de l'anathème que le monde entier vous jette d'une seule voix ?

Où sont vos partisans, vos amis, vos coreligionnaires ?

Vos partisans ! Existe-t-il en France un drapeau portant pour devise : *Félonie et Mensonge ?*

Ne reniez-vous pas hautement ces quelques utopistes, sans talent, ces prétendus socialistes, sans idées, ces théoristes, sans pratique, qui, à l'aide d'un gilet à la Robespierre, d'un visage à tous crins et d'une voix enflée, pensent se rendre importants en jouant au *Croquemitaine ?*

Vos amis ! le cœur voué à la haine peut-il s'ouvrir à l'amitié ?

Vos coreligionnaires ! Prêtre renégat, vous êtes-vous fait juif ou mahométant ?

Entendez-vous cette voix venant de la Judée, traversant dix-huit cents ans, et criant : Qu'il soit crucifié !... C'est la voix du peuple juif se ruant sur l'Homme-Dieu, garrotté et sans défense.

Voyez-vous cette caravane nombreuse se rendant à la Mecque? C'est la tribu de Mahomet, allant pieusement se prosterner devant la tombe du maître.

Mêlez donc votre voix à la voix ou joignez-vous à la caravane; au moins, en religion, vous compterez pour quelque chose, tandis qu'aujourd'hui, chrétien sans foi, catholique excommunié, prêtre sans ministère, vous êtes la négation de toute croyance, car, novateur hardi, vous n'avez pas la prétention de fonder une religion ; les Luther et les Calvin de notre siècle se nomment Châtel et Jean Journet.

La crainte du ridicule vous retiendrait ! puis, votre mission est de démolir et non d'édifier.

Porté par le suffrage populaire sur les bancs de l'Assemblée nationale, qu'avez-vous fait pour justifier la confiance que les électeurs avait mise en vous?

Sur quelle question obscure avez-vous fait jaillir la lumière ?

Quelle innovation heureuse avez-vous proposée? Vous ne vous abusez pas à ce point de croire que ce sont les sympathies pour vos opinions actuelles qui vous ont valu l'honneur de représenter le peuple; non, vous le savez, la plupart des électeurs n'ont vu en vous que l'homme éloquent, l'esprit supérieur qu'on espérait voir sortir des utopies irréalisables, pour se vouer aux développements des principes dont l'application était devenue possible.

Arrive le jour des nouvelles élections, et il vous sera facile de compter ceux de vos clients que la ligne de conduite suivie par vous aura satisfaits.

Les électeurs seront d'autant plus exigeants que le mandataire était plus éminent, et c'est en raison de ce qu'on attendait de l'homme que le représentant sera jugé.

Que parlez-vous de boucherie organisée par des conspirateurs monarchiques? Les organisateurs véritables de la lutte sanglante qui a désolé la France, ne les connaissez-vous pas?

Ce sont ces hommes au cœur haineux, à la plume vénéneuse, qui, abusant de leur éloquence, se plaisent à torturer les âmes faibles par l'exhibition des maux souvent imaginaires, les réduisant au désespoir, les font se jeter sur une arme et courir à la rue, non pour se faire une vie meilleure, mais pour tuer, et se venger contre la Société, qui n'est pas coupable des maux qu'elles n'ont pas soufferts.

A Dieu ne plaise! qu'optimiste satisfait, je veuille nier le malheur et la souffrance; mais c'est par l'esprit ulcéré et non par le cœur malade que s'arme la main.

A qui s'adressent vos dernières menaces? Quels sont les traîtres que vous voulez effrayer du *charnier où pourrissent les âmes cadavéreuses, les consciences mortes!*

En traîtrise, vous devez être expert; il y a loin, ce me semble, du camp du *DRAPEAU BLANC* à la tente du *PEUPLE CONSTITUANT*, et ce n'est pas sans félonie qu'on passe ainsi d'un parti à un autre, avec armes et bagages.

Singulière existence que la vôtre! Votre âge mûr a répudié toutes les croyances, toutes les sympathies de votre jeunesse; votre vieillesse, à son tour, rejettera au loin tous les songes creux de l'âge mûr; mais alors où ira-t-elle chercher un aliment nouveau pour la galvaniser et lui rendre cette vie factice et nerveuse dont votre âme a besoin! Reprendrez-vous en entrant dans cette jeunesse de la tombe le bagage de sentiments laissés au seuil de l'âge mûr; vous souviendrez-vous de vos premiers serments; vos premiers sentiments se retrouveront-ils, enfouis qu'ils sont, au fond de votre cœur?

J'oubliais... Vous ne pouvez reculer.

Deux hommes que vous auriez dû compter pour frères, l'un par le sacerdoce, l'autre par le génie, viennent de mourir (1) : quelles noires ré-

---

(1) L'archevêque de Paris (Affre) et Châteaubriand.

flexions, quels tristes retours sur vous-même n'avez-vous pas à faire en présence de ces tombes glorieuses ! Celle-ci est celle d'un prêtre mourant victime de sa charité chrétienne, celle-là est celle d'un poète expirant fidèle à ses premiers serments, à ses premières convictions.

Ne donneriez-vous pas les jours qui vous restent à vivre pour l'une de ces deux tombes?

Votre conscience dit : *oui*.

Votre orgueil criera : *non*.

Peut-être cette Lettre se glissera-t-elle jusqu'à vous, Monsieur; peut-être à la vue de la signature, vous drapant dans votre superbe indifférence à l'égard de tous ceux que la célébrité n'a pas marqué de son auréole, la rejetterez-vous sans la lire.

Peut-être, au contraire, voyant au sommet de la feuille votre nom écrit en grosses lettres, serez-vous curieux de savoir ce qu'un homme qui vous est parfaitement inconnu, et qui ne peut avoir aucun motif personnel pour vous louanger ou vous blâmer, pense et dit de vous.

Ma critique, je ne m'abuse pas, vous paraîtra de mauvais goût, et mon langage peu parlementaire. Que voulez-vous! Peu accoutumé aux fleurs de la rhétorique, je ne connais qu'un moyen pour me faire comprendre, c'est de dire, en termes reconnus par le vocabulaire ou adoptés par l'usage, ce que je veux faire savoir.

Mon but sera atteint aujourd'hui, si mes lecteurs, donnés par le hasard, comprennent que, méprisant le prêtre renégat, condamnant le citoyen traître à ses principes et à la Société, blâmant le représentant infidèle à son mandat, je m'incline avec respect devant l'homme de génie dont la magnifique intelligence, malheureusement au service de l'erreur, n'en est pas moins un don de Dieu détourné de sa première destination.

CARLOMAN.

Paris, le 25 juillet 1848.

Nous terminerons ici notre liste des ouvrages et écrits pour, contre et sur les opinions émises par M. de La Mennais en matières de Religion, de Philosophie et de Politique. Son étendue a beaucoup dépassé les limites que nous avions arrêtées; et pourtant, notre travail est loin d'être complet. Combien de critiques, dues à de dignes ecclésiastiques et d'honorables savants, ont été insérées dans les recueils religieux, tels que ceux-ci : « l'Ami de la Religion, la « Chronique religieuse », les « Tablettes du clergé », le « Mémorial catholique », qui comptaient au nombre de leurs rédacteurs ordinaires des hommes aussi distingués que les Grégoire, les Lanjuinais, les Tabaraud, etc.; la « Revue protestante » et surtout le « Semeur », autre recueil protestant, qui a donné dix à douze articles sur les ouvrages de M. de La Mennais; dans les recueils philosophiques, et jusque dans les feuilles rendant quotidiennement compte des conquêtes et des aberrations de l'esprit humain. Nous passons toutes ces indications sous silence, parce que leur recherche et leur citation nous eussent contraint à dépasser une mesure de temps et de place déjà assez bien remplie. Néanmoins, à la table des critiques de M. de La Mennais, nous avons encore cité quelques opuscules particuliers que nous n'avons connu que tardivement.

IX. BIOGRAPHIES DE M. L'ABBÉ F. DE LA MENNAIS.

194. Notice sur MM. (Jean-Marie et Félicité) Robert de la Mennais; par M. *F.-G.-P.-B. Manet*, prêtre, chef d'institution de la ville de Saint-Malo.

Imprimée pages 244 à 246 de la « Biographie des Malouins célèbres, etc. » de l'auteur (Saint-Malo, l'Auteur, 1824, in-8.)

195. Biographie de l'abbé de La Mennais; par M. l'abbé *Gerbet*.—Imprimée pages 179 et suiv. du tome II du « Biographe et Nécrologe réunis » (1828).

196. Écrivains contemporains. — M. l'abbé de La Mennais; par M. *Sainte-Beuve*. — Impr. dans la « Revue des Deux-Mondes », première série, 1er février 1832.

Écrit par un enthousiaste du nouveau Jérémie, qui, dans le poète, n'avait pas pressenti le Babeuf en rabat.

197. Études et Notice biographique sur l'abbé F. de La Mennais; par *Edmond Robinet*. Paris, Paul Daubrée et Cailleux, 1835, in-8 de 116 pages, 2 fr. 50 c.

M. E. Robinet a écrit ces études en élève et ami de M. de La Mennais.

198. Notice sur M. François (lisez Félicité) Robert de la Mennais. (Par *Alph. Rabbe*).

Imprimée dans le tome III de la « Biographie universelle et portative des contemporains », page 565 et suiv. au nom *Mennais*.

Nous avons beaucoup profité de cette Notice, l'une des plus impartiale qui existe sur ce fameux abbé.

199. Notice biographique sur M. Félicité-Robert, abbé de Lamennais; par MM. *G. Sarrut* et *B. Saint-Edme*.

Imprimée dans la « Biographie des hommes du jour », publiée par ces deux écrivains, tome Ier, 2e partie, page 175 et suivantes (1836).

Les auteurs avouent avoir emprunté une grande partie de cette Notice à celle de M. E. Robinet. (Voy. le no 197.)

200. Notice biographique sur M. de Lamennais; par le comte *A.-H. de Lahaye*, 1838.

Voy. le no 130.

201. Notice sur M. l'abbé F. de La Mennais; par un homme de rien (M. *Louis de Léomenie*). Paris, A. René, 1840, in-18.

Faisant partie du tome Ier de la « Galerie des contemporains illustres », du même auteur.

202. Notice biographique et littéraire sur M. F. de La Mennais; par M. *Elias Regnault*.

Impr. à la suite du Procès de M. F. de La Mennais (1841, in-8). Voy. le no 175.

203. Biographie de M. l'abbé de La Mennais; par un solitaire (M. *Hip-*

polyte Barbier, d'Orléans). Paris, rue du Vieux-Colombier, n° 21 ; Grand ; Desloges, 1841, in-18, 40 c.

Faisant partie de la « Biographie populaire du clergé contemporain », du même auteur.

204. Notice sur M. F. de La Mennais.

Impr. dans le cinquième numéro des « Profils révolutionnaires » (décembre 1848).

Les loups ne se mangent pas entre eux, a-t-on dit. Le citoyen de La Mennais n'eut pas mieux parlé de lui.

X. COURONNE POÉTIQUE DE M. F. DE LA MENNAIS (1).

205. A M. l'abbé de La Mennais ; par *J. Chopin*. Paris, de l'impr. de Duverger, 1834, in-8 de 4 pag.

Six strophes, chacune de dix vers.

206. Épître à M. de La Mennais ; par *M. Davin*, de Veynes. Gap, de l'impr. d'Allier, 1837, in-8 de 16 pag.

207. A M. de La Mennais (en vers), avec un portrait ; par *Louis Bastide*, de Marseille.

Quatrième livraison de la Pythonisse, satires populaires. (Paris, 1838, in-8).

208. A M. La Mennais ; par *Édouard Turquety*. (Stances.) Rennes, Molliex ; Paris, Debécourt, 1838, in-8 de 16 pag.

209. Où va le Monde? A La Mennais ; par *Prosper Blanchemain* (En vers). — Imprimé dans « Revue de Rouen et de la Normandie », ann. 1848.

210. A M. de La Mennais, deux épîtres : Politique et Religion ; par *Désiré Carrière*. Nanci, Thomas ; et Paris, Debécourt, 1837, gr. in-8, 1 fr.

211. La Mennais, poésie ; par Mme *Louise Collet-Revoil*.

Impr. dans la « Revue du progrès politique, social et littéraire » ; de M. Louis Blanc, n° du 15 mars 1839.

212. Épître au roi sur la captivité de La Mennais. (En vers). Lyon, de l'impr. lithogr. de Barillot, 1841, in-4 de 4 pag lithogr.

213. A M. de La Mennais. Beauport. (En vers.) 1842.

Imprimé pages 129 et 130 de « Bretagne », par *Amand Guérin*. Paris, 1842, in-12.

Nous croyons faire plaisir à nos lecteurs en reproduisant ici une courte pièce d'un très jeune compatriote de M. de La Mennais, jeune homme naïf, qui a eu foi dans le nouvel Athanase.

> Lorsqu'à ces cœurs brisés et fuyant le naufrage,
> Frêles esquifs battus par la vague et l'orage,

---

(1) Plusieurs autres pièces de vers inspirées par les ouvrages de M. F. de La Mennais sont citées parmi les réfutations particulières auxquelles elles ont rapport.

> Calme à l'abri des vents, vous méditiez un port,
> Une anse où recevoir leur errante chaloupe,
> Où radouber leur voile et remâter leur poupe
>   Une rade, Beauport;
>
> Prêtre, c'était le fait d'une noble pensée;
> Le fait d'une raison dans les cieux élancée,
> Recevant du Très-Haut le souffle inspirateur;
> Le fait d'un esprit pur; un rayon d'espérance
> Émané de celui qui guérit la souffrance,
>   Du grand Consolateur.
>
> A votre appel sacré combien de tristes âmes,
> S'enfuyant des cités où s'éteignent leurs flammes,
> Auraient au monde vain dit un suprême adieu,
> Et là, trouvant un lieu de paix, seraient venues
> Y retremper leur vie aux sources méconnues
>   De la terre de Dieu!
>
> Mais il n'est rien de sûr dans cette vie humaine.
> Ce qu'amène le flux, le reflux le remmène.
> Le projet le meilleur cède au projet plus beau;
> Le fait mis de côté cède à la théorie;
> On sème sur les vents, chacun discute, on crie...
>   Puis tout entre au tombeau.

La dernière strophe de cette pièce, composée en l'honneur du prêtre malouin, n'a-t-elle pas aujourd'hui tout l'air d'une épigramme, tant le personnage a changé.

APPENDICE.

LES STIGMATES DE L'APOSTAT.

POÉSIES.

Les poètes, aussi bien que les prosateurs, ont jugé M. de La Mennais, et ils étaient dans leur droit; car le nouveau Père de l'Église, comme on le disait alors, a été plus poète que théologien, que philosophe; et poète de cette école de poésie que Ludvig Tieck, le chef de l'école romantique allemande, a si bien caractérisée dans son « Voyage dans le bleu »; de cette poésie, belle de formes, désespérante et infernale par le fond. A l'occasion de M. de La Mennais, il s'est trouvé des poètes, non des poètes *fantasiaques* ou nébuleux, encensant à leur manière toute célébrité quelconque; mais des poètes à nobles et vrais senti-ments, et qui ont pressenti que le masque d'un écrivain élégant cachait un homme dangereux qui voulait se venger, sur la Société, de son ambition dé-çue. Honneur à ces poètes courageux, qui ont marqué au front cet homme trois fois apostat.

Le premier est M. Viennet, de l'Académie française, ce poète si spirituel et si mordant. Il a connu M. de La Mennais dans sa jeunesse, qui a été fort peu édifiante par parenthèse, et grande a été l'indignation du poète, quand a paru le livre de la doublure du comte de Maistre, intitulé : « De la Religion consi-dérée dans ses rapports avec l'ordre politique et civil. » Il a stigmatisé notre ultramontain non seulement par de bons et beaux vers, mais encore par des notes historiques qui accompagnent son Épître (Voy. le n° 148). M. Lucas, ex-député de la Seine-Inférieure, a composé un écrit à l'occasion de « l'Essai sur l'Indifférence » (Voy. n° 53); M. J. Huber a exprimé, en bons vers, toute son indignation contre les « Paroles d'un croyant » (Voy. le n° 95); deux écrivains, l'abbé L.-F. Eymin et M. Victor Davin, nous ont communiqué les impressions que la lecture des « Affaires de Rome » a produites sur leur esprit (Voy. les n° 126 et 127); M. le comte A.-H. de Lahaye a combattu le « Livre du peu-ple » (Voy. le n° 128). Enfin, un honorable magistrat, poète spirituel et de bon goût, qui s'est caché sous le nom d'un homme-potence, nous a donné sous le ti-tre de « Lettre » une véritable satire, très fine, de « le Pays et le Gouvernement » (Voy. le n° 138) (1). Nous avions eu l'intention de terminer notre notice par trois de ces diverses pièces de poésie; celles de MM. Viennet, J. Huber et de l'Homme-Potence; mais M. Viennet, qui nous avait permis de reproduire son Épître, s'est rappelé à temps qu'il avait signé les statuts de la Société des gens de lettres, et que cette société, par suite de son amour pour les lignes, ne

---

(1) C'est par erreur que nous avons compris cet écrit parmi les réfutations du « Livre du peuple. »

donnait point, mais vendait très bien l'autorisation de reproduire des fragments de ses affiliés; nous avons dû, à grand regret, renoncer à reproduire la chaleureuse Épitre de M. Viennet, mais nous donnons celles de MM. J. Huber et de l'Homme-Potence, que certainement on lira avec plaisir.

I.

SUR LES PAROLES D'UN CROYANT.

ÉPITRE.

(1834.)

Gloire à toi! tu l'as dit; le siècle a son prophète!
A la voix d'un croyant j'ai relevé la tête...
Un croyant! dans ces jours incertains, sans ardeur,
En est-il un encor? Oh! qu'il parle! j'écoute.
Que ses doux chants d'amour et de sainte ferveur
Chassent loin de mon cœur la tristesse et le doute!

Écoutez!... Vain espoir!... Il a parlé!... Trompeur
Comme son fanatisme, il sème l'épouvante!
Prêtre, ta sainte foi n'est qu'une torche ardente;
Ta charité nous jette une robe sanglante,
     Tu n'espères que le malheur!

Tu dis: « Malheur! malheur! j'entends des bruits étranges!
« C'est le terrible choc des humaines phalanges;
     « Les rois tombent glacés d'effroi;
« Les monts sont ébranlés, l'eau des mers est rougie;
« Au baptême de sang la terre est rajeunie;
     « C'est l'éternelle et juste loi
     « De l'Univers, qui se consomme;
« Et pour vous l'annoncer il ne reste qu'un homme,
     « Et cet homme... c'est moi! »

Ministre du Seigneur, oui, tu l'étais encore
Quand, arrachant ton siècle au doute qu'il adore,
     Tu réveillais sa piété;
Quand, tes regards frappés d'une grande lumière,
Tu voulais attacher à la croix de saint Pierre
     Le drapeau de la Liberté.

Ah! tu l'étais encor quand ta douce parole
Donnait, donnait, au nom de celui qui console,
     A l'exilé dans ses douleurs,
Bien plus que tous les dons qu'une main peut lui tendre,
La foi pour espérer, un cœur pour le comprendre,
     Un sein pour y cacher ses pleurs.

Maintenant quelle fièvre a saisi ton génie?
De Brutus, de Saül, de Marat, d'Isaïe,
De ces ombres laquelle a troublé ton sommeil ?
Voyais-tu sur son front les palmes du prophète?
Ou bien un bonnet rouge enfoncé sur ta tête
A-t-il fait délirer le prêtre à son réveil?

« Plus d'ordre, plus de paix, de raison sur la terre.
« Pour toi, deux étendards et deux longs cris de guerre.
« Dieu juste dans son œuvre a fait deux camps, deux parts ;
» D'un côté les vertus et de l'autre les crimes,
« Là des sceptres souillés et là de saints poignards,
« De sinistres bourreaux et de pâles victimes.
« Le vice est le seul roi des immondes cités ;
« Il étreint l'Univers dans ses bras empestés ;

« Le fer et le feu seuls peuvent guérir nos plaies.
« Les charités des grands sont de fausses monnaies.
« Tous les forts sont tyrans, tous les faibles trompés !
« Le pauvre seul est juste et la jeunesse sainte !
« Au confessional les grands t'ont dit leur plainte ;
« Ils souffrent tous au cœur ; c'est la place, frappez !
« Tu sais tous les secrets de la prostituée ;
« Elle est rouge de sang sa pourpre bafouée.
« Frappez, jeunes soldats ! toujours ! toujours au cœur !
« Et les martyrs au ciel chanteront vos louanges,
« Et vous serez bénis, car vous êtes des anges
« Armés contre Satan par le bras du Seigneur. »

Ainsi te comprendra le peuple qui t'écoute !
De ton nouvel Éden la Mort garde la route ;
Pour soulager nos maux il faut des attentats ,
La foudre pour briser nos chaînes de forçats.....
Et d'où tiens-tu ce droit d'insulter à la terre?
L'Ange n'a pas crié trois fois : Adonaï !
Homme, tu n'es pas Dieu ; ta voix, c'est le tonnerre,
Mais ce n'est pas la voix sainte du Sinaï.

    Qui t'a dit l'éternel mystère ?
    As-tu prié... car la prière
    Est le seul chemin sans détour.
    Je te croirai si ta science,
    Humble comme la confiance,
    Est fervente comme l'amour,

Prêtre, il est dans ton cœur de terribles tempêtes !
L'eau calme réfléchit seule l'azur du ciel ;
La Paix fuit les regards, les combats sont tes fêtes !
Ta chaîne était rivée au marbre de l'autel ,

Mais le siècle passait, roulait ses flots immenses ;
La Raison, de ton âme allume le volcan,
Tu dis en te dressant : Liberté!... tu t'élances,
Et tu vas échouer au pied du Vatican.
     Ta Liberté fut un blasphème,
     Et, pour éviter l'anathème,
Il fallut à genoux mettre à terre ton front,
A tous, humble pêcheur, te donner en exemple.
Mais la force est restée à tes bras de Samson...
Et c'est l'homme aujourd'hui qui renverse le temple
     Où le prêtre reçut l'affront.

Précipité du haut de Rome catholique,
Tu promènes partout ton regard prophétique,
Les martyrs et les saints se détournent de toi.
Mais la terre a du fer pour venger une injure,
Et chef des révoltés, tu dis : Ange parjure,
     Peuple! jeunes soldats, à moi !

Courage! fais rugir tes saintes Euménides !
Frappe ces grands du monde, insolents et perfides,
Par les siècles passés gorgés de sang et d'or ;
Porte-les palpitants au sommet du Tabor ;
Entasse les débris des temples et des trônes ;
Brise en mille morceaux tiares et couronnes ;
Levant les mains au ciel en invoquant la Mort,
Le crucifix dans l'une et le tison dans l'autre,
Entonne un chant d'amour de la voix d'un apôtre ;
Prosterne saintement ta face devant Dieu ;
Fais de ton œuvre immense un bûcher qui vacille ;
     Et puis sers-toi de l'Évangile
     Pour allumer le feu.

Belle gloire à glaner sur un champ de ravage
     Où le bourreau même a fauché,
Champ que le scepticisme impie a desséché,
     Champ de gloire et champ de carnage
     Où tous les vainqueurs ont couché.

Elle est d'orgueil et non d'épines ta couronne,
Non, tu n'es pas celui qui prie et qui pardonne.
Écrasé sous la croix, frappé par les soldats.
Ton Dieu n'est pas le Dieu de saint François de Paule ;
     Pour appuyer leurs faibles pas
Aux pauvres chancelants il prêtait son épaule.
Belzunce à des mourants parlait de guérison,
Leur montrait dans le ciel l'espérance pour guide,
Comme toi, dans la plaie empestée et livide,
     Il ne versait pas du poison.

Oh ! tes larmes d'amour, tes pleurs pour la misère,
Ne sont que des concerts de rage et de colère ;
Et ta haine, du pauvre irritant la douleur,
Embrase sans pitié la paille de sa couche.
L'Évangile est une hymne adressée au malheur...
  Son harmonie est sur ta bouche,
  Son esprit n'est pas dans ton cœur !

Poète, dans tes chants il en est de sublimes ;
C'est le torrent qui tombe en ébranlant les cimes,
  Le cri de l'aigle épouvanté.
Mais il est des vertus que tu ne peux comprendre,
Des bruits sourds d'avenir que tu ne peux entendre,
  Un chant que tu n'as pas chanté.

Le torrent, en brisant ses digues et ses chaînes,
Bondissant trop fougueux, ne sait rien de ces plaines
  Où brillent et meurent ses flots ;
Tandis que le ruisseau de nos vertes prairies
Apprend par ses bienfaits des rives refleuries
  Les doux mystères de ses eaux.

Cet aigle qui du ciel s'en va frapper la voûte
De l'orage au soleil élancé sur la route
  De ces magnifiques splendeurs,
Ne sait pas les secrets révélés sur la terre,
A l'oiseau de l'amour plaintif et solitaire
  Qui fait son nid parmi les fleurs.

Oh ! juste et noble ardeur, fier et pieux courage,
De soutenir les droits des faibles désarmés !
Mais il est des tyrans partout ; les opprimés
  Sont encor tous ceux qu'on outrage.
Oui, tu peux étonner les hommes ; leurs regards
Suivent tes pas ; déjà la sottise t'affuble
De noms et de lauriers ! Un forban en chasuble,
Intrépide soldat jeté dans les hasards
  De nos mers sombres et ridées,
  Courant ses houleuses bordées,
  Du môle de l'Autorité
  Au gouffre bouillant du Schisme,
  Du rocher de la Trinité
  Au grand phare du Journalisme,
  Et du vieux golfe du Papisme
  Jusqu'au port de la Liberté ;
Un Luther jacobin lançant son Évangile
  A la tête des rois surpris,
  Et ce Robespierre en surplis
  Sur le trépied de la Sybille :

Tout cela doit frapper les yeux.
Mais, tu le sais, il est deux gloires :
La gloire des vertus et celle des victoires ;
L'une éclate en bruits fastueux,
Se répand sur la terre en superbes louanges ;
L'autre est le doux secret des anges
Dont ils parlent tout bas entre eux.

Oh ! s'il te faut un rôle au théâtre du monde...
J'en sais un digne en tout de ta verve féconde ;
Bien plus grand que celui des tribuns aux grands noms,
Que celui de chercheur de puissance suprême,
Que celui de martyr et de prophète même,
Au temps où nous vivons.

Entre un monde qui tombe et celui qui s'élève,
Au milieu des débris d'un siècle qui s'achève
Et des socles nouveaux des âges renaissants,
Monte sur le rocher aux bases éternelles,
Où les flots mugissants des tempêtes mortelles
Viennent se briser impuissants.

Et, comme le guerrier pensif sur la colline,
Les bras croisés sur sa poitrine,
Médite la bataille et compte ses soldats.
De même sur la terre où nos destins s'agitent,
Regarde tous ces camps que les haines excitent...
Regarde... et tu verras.

Tu verras au néant rentrer plus d'un fantôme,
La vertu sous la pourpre et sous le toit de chaume,
Et le vice, comme elle, égal dans nos penchants ;
Tu verras, non deux camps tracés par nos colères,
Mais parmi les erreurs de ces hommes, tes frères,
Seulement deux partis, les bons et les méchants.
Dieu ne te dira point : A ceux-ci la conquête,
A ceux-là le servage, à ceux-ci la défaite,
Les uns seront vainqueurs, les autres abattus.
Enfant, te dira-t il, à ceux-là la victoire,
Qui sauront apporter dans la future histoire
Et le plus de sagesse et le plus de vertus.

Alors tu comprendras le rôle du Génie !
Sous les coups du bélier de la Philosophie
Tous les vieux murs sont renversés,
Debout sur cette brèche immense,
Le Christ, la Liberté, qui veillent en silence,
Ne disent pas à tous : « Passez!
« Passez si vos cœurs purs adorent la patrie ;
« A la terre promise allez chercher la vie ;

« Passez sur le vaisseau des révolutions,
« Si, pilotes hardis au milieu des orages,
« Vous savez appeler à vous tous les courages,
        « Et non toutes les passions ;

« Passez pour défricher cette terre nouvelle,
« Citoyens et soldats, si tous vos bras unis
« Croisent le même fer devant ses ennemis,
« Et savent tous prier et travailler pour elle. »

Et toi, vers l'horizon regarde devant nous !
Toi qui vois l'avenir dans cette nuit profonde,
Ne vois-tu pas aussi que le salut du monde
        Est dans la justice pour tous ?

N'as-tu jamais été conduit par ton vieux père
Dans le champ paternel, ou béni par ta mère
        Au nom du Dieu de paix ?
N'as-tu jamais appris l'histoire de la vie
Dans le soupir d'amour de la vierge qui prie ?
Et n'as-tu jamais vu le repentir ?... Jamais
La jeune mère craindre et bannir ses alarmes ?
Un vieillard pardonner ? Un enfant dans ses larmes
        Sourire sans vouloir,
Comme un trait du soleil perce dans un nuage...
Pleurs et regard d'azur, triste et charmante image
        De souffrance et d'espoir ?

Espère donc aussi ! Sur tes lèvres brûlantes
Retiens ces flots amers de haines dévorantes
Qui voilent ta justice et te cachent le jour ;
Le génie est encor moins divin que l'amour !

A tous la vérité ! Les flatteurs sont impies ;
Et les flatteurs des rois, aux lèvres avilies,
Et les flatteurs du peuple, au cœur gonflé d'orgueil.
Plus grand que le naufrage et debout sur l'écueil,
Lance de tous côtés les éclats de ta foudre ;
Brise le cèdre altier, qu'il tombe dans la poudre
S'il lève sur l'abîme un front d'iniquité.
        Brave la popularité ;
        Cette fragile et fausse idole,
Qui mène sous le joug tant d'esclaves soumis
A l'autel chancelant sur lequel on immole
        Sa conscience et son pays.

Seul, méconnu, peut-être oublié par l'Histoire,
Il est vrai, désormais plus d'hymnes à ta gloire.
Donne force à ton âme en regardant le Ciel !
Puis reviens au combat pour n'épargner personne.

Frappe, frappe la haine écumante de fiel,
Et l'orgueil de pygmée où chacun s'abandonne,
Et cette fièvre lente et d'envie et d'erreur,
Et le front paresseux de la molle langueur,
Le sophisme géant dont la terre est étreinte,
Et les folles ardeurs, et nos vœux pervertis ;
Lève un drapeau ! celui de l'humanité sainte.
    Frappe, frappe tous ces partis
Étroitement parqués à ta gauche, à ta droite,
Comme leur seule idée en leur cervelle étroite ;
Et de face et de flanc combats, combats-les tous
    Dans le monstre de l'Égoïsme,
Déchire sur son dos le manteau de civisme
Qu'ils traînent, insensés, aux fanges des égouts.
Calme par la Raison leur impuissant délire,
Et par la Charité ce qui les fait souffrir :
    Tonne sur eux pour les instruire,
    Ouvre tes bras pour les unir.
Partout contre le Mal tourne ton fanatisme ;
Le Mal ! premier tyran qu'il faut anéantir,
De tous les partis Roi couronné de cynisme ;
Écrasé sous la pourpre et dans sa nudité,
Qu'il retombe à l'enfer où Dieu l'avait jeté !
    Car le Mal c'est le Despotisme,
    Et le Bien c'est la Liberté !

Courage ! c'est le but. En avant ! c'est la route ;
Du vieux pont, sous lequel les siècles sont liés,
Par de nobles efforts élargissons la voûte,
    Ne la brisons pas sous nos pieds !
Que fais-tu parmi nous, si l'amour qui t'enflamme,
Ne se peut exhaler qu'en noirs torrents de fiel ?
    Que dois-tu montrer à l'autel...
    Les épouvantes de ton âme,
    Ou les espérances du ciel ?
Prie, et pour tous ! Assez de voix dans nos querelles
Sans y mêler ta voix. Dis à tous que, par elles
Dieu veut sonder nos cœurs et nous veut éprouver,
Que les jeunes enfants et les vierges timides,
Vers l'aurore à venir trouvent de meilleurs guides ;
    Apprends, pour nous sauver,
A tous ces innocents une même prière ;
Que tous lèvent les mains devant le même père !
Car nous ne prions plus. Prêtre, Prêtre, à genoux !
Tous ces chants monteront sous la voûte immortelle,
Tous ces cœurs s'uniront dans la gloire éternelle ;
Hélas ! pour toi du moins, si l'heure est loin de nous,

Que la Religion nouvelle
Soit la Paix entre tous !

Je crois à des vertus, tu ne vois que le vice ;
Je vois un Dieu de paix, toi le Dieu foudroyant ;
Tu crois à ses fureurs, je crois à sa justice :
Lequel de nous est le Croyant ?

M. J. Huber.

II.

SUR LE PAYS ET LE GOUVERNEMENT.

ÉPITRE.

(1840.)

Et quintus angelus tubâ cecinit, et vidi
stellam de cœlo cecidisse in terram, et
data est ei clavis putei abyssi. — Et ape-
ruit puteum abyssi, et ascendit fumus
putei sicut fumus fornacis magnæ et ob-
scuratus est sol et aer de fumo putei.

(Apocalypse, ch. 9, v. 1 et 2.)

Quid fecit tibi hic populus ut induce-
res super eum peccatum maximum ?

(Exode, ch. 32, v. 21.)

Desine ab irâ et derelinque furorem ;
noli æmulari ut maligneris.

(Ps., 36, v. 8.

Prêtre d'un Dieu de paix et de miséricorde,
O toi que ses puissantes mains
Avaient mis sur la terre en exemple aux humains,
Pour maintenir entre eux l'amour et la concorde,
Comment as-tu rempli ta sainte mission ?
Qu'as-tu fait, et pourquoi de ta bouche sacrée,
Comme une hymne de mort par l'enfer inspirée,
Sort-il des cris de haine et de division ?

Toi qui sais, maniant la harpe des archanges,
En tirer des sons purs, des modulations
Douces comme un écho du doux concert des anges (1),

---

(1) Telles, par exemple, que le chapitre xii du « Livre du Peuple », et les

As-tu pu ramasser, au milieu de nos fanges,
Le clairon discordant des révolutions?

Tremble qu'en y touchant ta main ne soit rougie
Du sang mal essuyé dont il est encor teint,
Et cesse d'affubler du bonnet de Phrygie
Un front marqué du sceau du Rédempteur divin.

—

Que veux-tu donc? Quel est le but que se propose
La virulente ardeur de ton esprit morose?
Pourquoi l'enfer, par toi, parlant au nom du Ciel,
Et ces discours trempés au plus amer du fiel?

« C'est que, dis-tu, le peuple est là que l'on opprime,
« Et que ton cœur, au mal qu'endure la victime
« Sous le joug d'un pouvoir qui l'écrase du pié,
« Se remplit d'amertume et se fend de piété!

« C'est qu'il te vient à l'âme une rage cruelle
« De voir qu'on mange au peuple et la chair et la moelle,
« Qu'on boit son sang, et que, comme au chien mort les vers,
« Le pouvoir va paissant à ses flancs entrouverts!

« C'est que son corps n'est plus rien qu'une immense plaie,
« Qu'un cadavre écorché que traînent sur la claie,
« Après l'avoir rongé, les goules du pouvoir;
« Un objet misérable, indicible et difforme,
« Une ombre qui n'a plus de couleur ni de forme,
          « Et qui fait peur à voir.

« C'est que, sous le fardeau de tant de tyrannie,
« Chez un peuple réduit à tant d'ignominie,
« Il ne faut plus parler de lois, de liberté,
          « Ni de société,

« Et qu'un amas confus d'humaines créatures
« Dont la plupart n'ont pas, pour dormir, un fénil,
« Ne forme plus, en proie à ses mille tortures,
« Une société, mais à peine un chenil (1) »

---

chapitres xvii, xxv et xli des « Paroles d'un croyant », qui tous, tant sous le
rapport du but moral que pour le charme du style, peuvent être mis au rang
de ce qui a été écrit de plus suave dans notre langue.

(1) Ce vers et ceux qui précèdent, depuis et y compris celui-ci :

     « C'est que, dis-tu, le peuple est là que l'on opprime, »

sont imités de M. La Mennais lui-même.

« Et tout cela, dit-il à la page 56 de son pamphlet intitulé : « Le Peuple et le

Assez, ô prêtre, assez! voilà certe une page
Brûlante plus que l'eau qui sort de l'échaudoir,
Des phrases à jeter au cœur le désespoir;
Mais d'un prêtre chrétien est-ce là le langage?

Était-ce là, dis-moi, les tableaux, les discours
Que tu devais au peuple? Est-ce là le secours,
Le baume bienfaisant, le généreux dictame
Qu'attendent ses douleurs, qu'il faudrait à son âme,
Contre le poids des maux que tu lui peins si lourds?

Le pélerin, s'il trouve un mourant sur sa voie,
Au lieu de le remettre aux bras du médecin,
Le va-t-il retournant sans cesse pour qu'on voie
Et qu'on puisse compter les coups de l'assassin?

Lui va-t-il, — sans piété des douleurs qu'il endure,
Faire en style effrayant une horrible peinture
Des blessures, des coups dont il le voit souffrir,
Et du danger qu'il court de n'en jamais guérir?

Non; — mais la charité, qui guide sa parole,
Lui fait trouver des mots dont la douceur console
Et rend, malgré le mal dont leur charme est vainqueur,
Le sourire à la lèvre et l'espérance au cœur.

———

Celui-là plus que toi se montre charitable,
Plus que le tien surtout son zèle est véritable;
Aider et consoler ceux qui souffrent, voilà
La mission du prêtre et la tienne; c'est là

Pourquoi le Créateur, de trésors d'éloquence
T'avait rempli le sein,
Et non pour exciter le peuple à la vengeance
Par le glas incessant d'un infernal tocsin.

———

Gouvernement **, et tout cela pourquoi? pour se jeter à son tour sur la proie
que l'on convoite, pour, à son tour, dévorer le pays, s'engraisser *de sa chair
et de sa moelle* ».

« Et nous, dit-il à la page 92, nous vous disons que votre société n'est pas
une société, qu'elle n'en est pas même l'ombre, mais *un assemblage d'êtres,
qu'on ne sait comment nommer* ».

« Chez un peuple qui en est là, dit-il à la page 80, *on ne doit plus parler ni
de liberté ni de société*, et ce n'est pas une société qu'un amas de *créatures humaines* réduites à cette extrémité, *c'est à peine un chenil* ».

* L'auteur s'est trompé sur le titre : l'ouvrage auquel il répond est intitulé : le
« Pays et le Gouvernement ». Voilà ce qui nous a conduit à placer sa critique parmi
celles du « Livre du peuple ».

Le peuple! oh! que lui sert l'anathème farouche
Qu'en son nom ta voix lance à la Société?
Quel bien lui fait le fiel qui, sorti de ta bouche,
Tombe à si larges flots sur son cœur irrité?

S'il est vrai que, courbé sous des lois homicides,
       Le pauvre est là qui meurt de faim,
Pour apaiser le cri de ses entrailles vides,
De grands mots galoppant sur des coursiers sans brides
       Ne valent pas un peu de pain.

Et du pain, ce n'est pas des phrases factieuses,
Des déclamations furibondes et creuses,
Effets tirés sur lui par la mauvaise foi.
Tes pamphlets qu'il achète à l'étal de Pagnerre (1),
Sont un dernier impôt levé sur sa misère ,
Et ne font quelque bien qu'à Pagnerre et qu'à toi.

—

Puis, l'image des maux dont ton ardeur s'effraie
N'est-elle pas vingt fois plus terrible que vraie?
Et ces maux que sans cesse à ses tristes regards
       Tes pinceaux apocalyptiques
Se plaisent à charger de couleurs sataniques,
N'en as-tu pas, dis-moi, rêvé plus des trois quarts?

—

       Quoi donc! ce beau pays de France,
       Où j'étais si fier d'être né,
Est-il vrai? ne serait plus rien qu'un parc immense,
Où quelques oppresseurs, sous un chef couronné,
Couchés dans la mollesse et la fainéantise,
       Tiendraient un peuple emprisonné,
       Vil bétail par eux destiné
       A repaître leur convoitise!

       Quoi! pour comble d'impiété,
       Serait-il vrai que la justice,
Cette émanation de la divinité,
       De tant d'horreurs se fît complice,
Et que, vendue à l'or d'un pouvoir détesté,
Elle jetât en proie aux atroces sentences

---

(1) Pagnerre est, comme on sait , l'éditeur des pamphlets politiques de
M. l'abbé de La Mennais, du ci-devant vicomte de Cormenin, de MM. Cabet,
Altaroche et autres personnages dont la spécialité consiste à aimer le peuple en
paroles.

De ses hommes-potences (1),
L'innocence livrée à leur iniquité ?

Grâce au ciel ! tout cela n'est point la vérité,
Et, n'en déplaise aux fous que ta voix persuade,
N'existe nulle part qu'en ton esprit malade,
Qui prend à son réveil, pour la réalité,
Les rêves dont la nuit tu fus épouvanté ;

Et le peuple, — non pas cette oisive canaille,
Peuple des mauvais lieux et des estaminets,
Vagabonds, culotteurs de pipes, valetaille
Heurlant la *Marseillaise*, en cuvant tes pamphlets ;
Mais le seul peuple vrai, le peuple qui travaille,
Qui nourrît sa famille et, par la probité,
L'ordre, l'économie, à la propriété
Arrive honnêtement, — s'il ouvrait, pour les lire,
Les écrits où tu peins son prétendu martyre,
          Serait fort étonné
De voir jusqu'à quel point il est infortuné.
Fais-nous donc, si tu peux, des contes plus croyables.
          Que parles-tu de cruauté,
          De potences, d'iniquité
          Et de juges impitoyables ?

La justice jamais, avec plus d'équité,
          Ne se montra moins formidable.
En quels lieux, en quels temps a-t-elle présenté
          A l'innocent plus de sécurité
Et plus d'humanité, même pour le coupable ?
          En quels lieux à l'autorité
Vit-on plus de douceur, de longanimité ?
Quand aura-t-on trouvé la clémence royale
Envers ses assassins même plus libérale ?

En quels jours, sur le front du crime repentant,
La grâce, le pardon, bienfaisante rosée
          Que l'on pourrait croire épuisée,
Tombèrent-ils du trône à flot plus abondant ?

          De monomanie indulgente
Dis donc plutôt que les cœurs sont imbus,
Et qu'il s'en fait chez nous un si grossier abus,
Qu'eût-on coupé, je crois, père et mère, oncle et tante,

____

(1) C'est sous cette qualification que M. l'abbé de La Mennais désigne les
magistrats d'aujourd'hui, magistrats qu'il a bien le courage d'assimiler aux

En vingt morceaux, — pourvu qu'on n'en ait rien mangé,
On est certain d'être jugé
Coupable, — mais avec l'accessoire obligé :
La circonstance atténuante.

———

Tu parles d'ignorance où tu dis qu'on maintient
Le peuple ; — mais les faits démentent tes paroles,
Et le pouvoir, partout érigeant des écoles,
Y donne, — car le mal est toujours près du bien, —
Au peuple, — en lui montrant à lire, — le moyen
De se fausser l'esprit aux étranges folies
Qu'à son grand détriment chaque jour tu publies.

———

Cependant je t'admire en toute humilité,
Quand, posant ton surplis d'urbanité française,
Tu te vas écriant que la Société
De nos jours, n'est plus rien qu'un chenil; — si la thèse
Est peu noble, — elle exprime au moins la vérité;

Car, jamais chiens harnieux n'ont pu mieux à leur aise,
Pour peu qu'à ces Messieurs sa conduite déplaise,
Aux jambes du pouvoir sautant de tout côté,
Japper, hurler et mordre avec impunité.

———

Hélas! comme partout, sans doute il est en France
Plus d'un homme du peuple en proie à la souffrance ;
Mais leurs maux, bien moins grands que ceux que tu combats,
Ou de près ou de loin, dans l'essence des choses,
Dans la nature humaine, ont presque tous leurs causes :
Maux qu'on peut déplacer parfois, mais qu'ici-bas,
A moins de changer l'homme, on ne détruira pas.

———

Oui, — sans doute aussi qu'au bien-être
Les mortels en ce monde ont tous des droits égaux,
Et qu'il faut à chacun sa part, — cela doit être

---

juges du tribunal de Fouquier-Tainville et aux membres des commissions militaires de l'Empire et des cours prévotales de la Restauration. Voici ses *propres* expressions :

« On a des juges dont le métier est d'expédier les accusés comme les bourreaux les condamnés, purs instruments de torture et de mort, HOMMES-POTENCES!! » (Page 73.)

A la page 93 il dit de la Société que c'est *un parc*, un troupeau de *bétail humain destiné par le pouvoir à assouvir ses convoitises.*

Et sera, — dès que Dieu nous permettra de naître
Tous, au même degré, grands, riches, forts et beaux;

Quand il nous donnera pour demeure, une terre
Qui livre sans travail ses trésors et son fruit,
Et que, par un divin mystère,
L'art qui fabrique et celui qui produit
Pourront se reposer et le jour et la nuit,

Jusqu'à cet heureux temps, qu'aucune prophétie
Ne montre encor prochain à ton anxiété,
Le travail, cette loi de notre humanité,
Maintiendra la suprématie
Qui s'attache ici-bas à la propriété ;
Privilége sacré, sainte aristocratie,
Éternel fondement de la Société!

Grand principe, d'où naît aussi la conséquence
De l'inégalité dans les conditions :
Le repos, les plaisirs, le luxe à l'opulence,
Au pauvre, le travail et les privations,

Hélas! telle est la loi commune!
Et le riche, tout fier de son tort d'aujourd'hui
Si demain il perd sa fortune,
Devient l'égal du pauvre et souffre plus que lui.

D'autre part, — que quelqu'un de la démocratie,
Qu'un fils du peuple, un vrai prolétaire, — à son tour,
Par l'esprit, le travail, par l'industrie, — un jour
Grandisse ; — il va voir, comme au devant d'un Messie
La moderne aristocratie
S'ouvrir — en s'inclinant même devant ses pas,
Si les mains de la gloire ont posé sur sa tête
Le laurier du héros ou celui du poète;
Car tu sais aussi bien que moi qu'elle n'est pas

Une île inabordable et de rocs entourée,
Tu sais qu'elle n'est pas circonscrite et murée
Comme celles des anciens temps :
Châteaux crénelés, citadelles
Inexorables et cruelles
Qui, n'ayant d'autres habitants
Que ceux qu'y plaçait la naissance,
Défendaient, par des murs, en hauteur insultants,
D'approcher, — même à l'espérance.

C'est un port magnifique, immense
Dont les clefs ne sont plus aux seules mains du sort;
    Où, de tous les points de la France,
On entre librement et d'où parfois l'on sort;
        C'est un palais à mille portes,
        Dont aux hommes de toutes sortes
        Il n'est rien qui ferme l'abord;
C'est l'échelle brillante à Jacob apparue,
        Et par laquelle, sous ses yeux,
Montait et descendait la cohorte accourue
            Des anges radieux.

Que viens-tu donc, traitant le riche de pirate,
Crier du haut des toits en style démocrate :
A l'aristocratie! — Abbé, le sens commun
Te dira qu'à ce compte, et, pour qui n'en a qu'un,
Quiconque a deux gros sous est un aristocrate,
Et qu'on peut t'accuser toi-même aussi, — tribun,
Qu'on voit, au nez du gueux rongé par la vermine,
Endosser l'habit neuf sur la chemise fine.

Ame promise au Christ, reviens à lui, crois-moi;
Reviens et montre-nous ce que c'est qu'un bon prêtre (1) :
Ce que c'est qu'un mauvais, tu nous l'as fait connaître
Quand tu jetas aux vents les trésors de ta foi.

Laisse, oh! laisse à jamais la fantasmagorie
Qui depuis si longtemps sème au monde l'effroi,
        Et, dans l'éternelle patrie,
        Fait pleurer les anges sur toi!
Écoute la raison qui, par ma voix, te crie
D'abandonner enfin les rêves de Babeuf
A ces tribuns ardents, dont la haine et l'envie
        Vont corrodant la vie;
A ces ambitieux qui, pour se cuire un œuf,
Mettraient, poussés qu'ils sont d'un égoïsme immonde,
Le feu, s'il le fallait, aux quatre coins du monde;

---

(1) On se rappelle le mot fameux de M. de La Mennais lors du procès qu'il eut à subir à l'occasion de son écrit intitulé : « De la Religion dans ses rapports avec l'ordre civil et politique » : Vous saurez ce que c'est qu'un prêtre! »

A ces déclamateurs, dont la feinte pitié
Du peuple qu'elle abuse en ses mains prend la cause,
Pour s'en servir ainsi qu'on fait d'un marche-pié
Sur lequel, quand on veut se grandir, on se pose.

———

Malheur à l'imprudent qui joue avec le feu
    De la passion populaire !
Nous avons vu combien c'est un terrible jeu.
Malheur à toi surtout, qui viens, homme de Dieu,
Souffler sur ce brasier le vent de la colère !
Crois-tu que l'incendie, à ta voix allumé,
Au signal de ta voix s'éteindrait comprimé ?
Non, non ! Quand une fois cette flamme terrible
Des lieux où, sous la cendre, elle dormait paisible,
Ardente s'est levée au souffle furieux
Qui la pousse ; elle marche, et, le front dans les cieux,
Quand elle va, semant partout sur son passage,
La désolation, la mort et le ravage ;
Nul obstacle assez fort qui la puisse arrêter,
Rien qui puisse contre elle un seul moment lutter ;
Ce qu'on fait pour calmer sa fureur, la ranime ;
Elle marche, entassant victime sur victime,
Jusqu'à ce qu'à la fin le vorace élément
S'affaisse sur lui-même à défaut d'aliment.

———

Et quel spectacle alors la terre ravagée
Offre-t-elle en tous lieux à la vue affligée ?
Partout, partout la mort, la dévastation,
Partout pleurs et soupirs et désolation ;
    Du travail les sources taries,
Le commerce détruit, plus d'arts, plus d'industries :
Partant surcroît de mal au peuple ; car toujours
Il restera quelqu'un qui soit peuple. — En leur cours,
Les révolutions qui passent sur le monde
Peuvent bien y briser de leur main furibonde,
Et balayer du pied les trônes et les rois,
Mais n'en sauraient changer les éternelles lois.

———

Il se peut qu'au milieu des tempêtes humaines,
Quant tout esquif sur l'onde est battu par le vent ;
Quelques soldats heureux deviennent capitaines ;
Mais l'air tombe ; en leur lit les eaux rentrent sereines ;
Et le surplus, qu'est-il ? — Ce qu'il était avant :

Dans la nef, matelot ; dans l'État, prolétaire,
Et peuple et gouvernés et ne gouvernant pas ;
Car, malgré tes écarts de style populaire,
Si tu ne te fais Dieu, jamais tu n'obtiendras
Que la Société marche la tête en bas (1).

—

Eh ! mon ami, calme ta bile !
Si les maîtres te sont un objet importun ;
En monarchie on n'en a qu'un,
En république on en a mille ;
Et puis, à te parler franchement, mon tribun :

Ce que la France a fait, l'ira-t-elle défaire
Chaque matin, pour satisfaire
Le premier intrigant qui le lui vient prêcher.
Cherche ailleurs qui consente à cela pour te plaire ;
Nous n'irons pas troubler l'océan populaire
Pour que les factieux y puissent mieux pêcher.

Songe aux maux où pourrait expirer la patrie,
S'il lui fallait subir d'autres commotions ;
Assez longtemps la haine et les dissensions
L'ont ensanglantée et meurtrie.
Songe, songe surtout aux viles passions
Dont la rage, par toi nourrie,
Peut se traduire en actions
D'une sauvage barbarie.

Songe quel repentir te viendrait prendre au cœur,
Et combien, de ton éloquence
Tu devrais regretter le prestige vainqueur
Et maudire en pleurant l'infernale puissance,

S'il te fallait jamais apprendre qu'un feuillet
Des écrits que ta plume au peuple de juillet
Prodigue, et que la haine avec ardeur savoure,
Au mousquet régicide a pu servir de bourre ?

—

Si ce penser te fait horreur
Laisse en toi la raison triompher de l'erreur ;
Et quand ta brillante parole,
Des cœurs sait si bien le chemin,
D'une torche flambante au lieu d'armer sa main,
Soutiens le pauvre et le console (2).

---

(1) C'est pourtant le projet d'un autre fanatique démagogue, qui siège près de M. de La Mennais sur les plus hauts bancs de la Montagne.
(2) Ceci est écrit en 1840. Huit ans plus tard, un terrible ouragan révolu-

Ranime en lui, par tes discours,
   Le courage et la patience;
   Montre-lui que la violence
Ne peut être à ses maux qu'un stérile secours;
Dis-lui que le travail, ce père de l'aisance,
L'ordre et l'économie, à présent et toujours,
Peuvent seuls à son sort apporter allégeance;

   Au lieu d'exalter ses douleurs
   Par le tableau de ses malheurs,
Que ta voix, en son nom, prêche la bienfaisance,
Et sur lui, sur les siens, fasse de l'opulence
Descendre en même temps les trésors et les pleurs.

   Apprends-lui que ton divin Maître,
Que le Dieu tout amour, de qui tu te dis prêtre,
Même au sein des tourments et de l'affliction,
Prêchait la patience et la soumission.

Enfin, dis-lui qu'un jour, jour terrible et suprême,
La mort, qui pour nous tous, riche et pauvre, est la même,
Otant à qui les eut les habits précieux,
Nous mènera tout nuds ensemble dans les cieux,

---

tionnaire s'est levé sur nos têtes; il a menacé d'anéantir toute l'ancienne Société. M. de La Mennais ne peut nier, que, par ses prédications insensées depuis ses « Paroles d'un croyant » jusqu'à son journal le « Peuple constituant » y compris, il n'ait beaucoup contribué à faire déployer l'étendard de la plus affreuse révolte. Les journées de juin sont arrivées, mais ces fatales journées n'ont point fait que le repentir soit venu au cœur du prêtre apostat. Loin de là, il a persisté à tenir son rang parmi les démagogues les plus effrénés, ceux qui s'appellent Montagnards.

Et pourtant, avant de siéger aux plus hauts bancs de la Montagne de 1848, M. de La Mennais pensait et écrivait ceci des Montagnards de 1793 :

« ..... Ils ne pardonnèrent ni à la naissance parce qu'ils étaient sortis de la boue, ni aux richesses parce qu'ils les avaient longtemps enviées, ni aux talents parce que la nature les leur avait refusés, ni à la science parce qu'ils étaient ignorants, ni à la vertu parce qu'ils étaient couverts de crimes, ni au crime lui-même lorsqu'il annonçait quelque supériorité... Pour peindre la révolution française, cette scène épouvantable de forfaits, de dissolution et de carnage, ces proscriptions, ces fêtes impures, ces cris de blasphème, ce bruit sourd du marteau qui démolit, de la hache qui frappe les victimes, ces détonations terribles et ces rugissements de joie lugubre, annonce d'un vaste massacre ; ces cités veuves, ces rivières encombrées de cadavres, ces temples et ces villes en cendre, et le meurtre et la volupté, et les pleurs et le sang ; pour peindre, dis-je, toutes ces horreurs, il faudrait emprunter à l'Enfer sa langue, comme quelques monstres lui empruntèrent ses fureurs ».

Chercher aux bras divins de notre commun père,
La grande égalité qui n'est pas sur la terre.

—

C'est ainsi que, rentré dans ton rôle pieux,
Astre tombé d'un ciel où manque ta lumière,
Tu reprendras ta place et la splendeur première
    De ton cours glorieux.

Grand Dieu ! si tu voulais, toi, brebis égarée,
Toi, brebis si longtemps regrettée et pleurée
Par les anges divins que conduit Gabriel
Si tu voulais rentrer au bercail éternel,
Oh ! qu'il éclaterait de joie à ta rentrée !
Oh ! comme, ce jour-là, ce serait fête au ciel !

    Ta plume, aux factions livrée,
    Chaque jour se voit décorée
D'un laurier éclatant, mais, hélas ! criminel ;
La gloire de l'impie est de peu de durée,
    Et c'est l'auréole sacrée
Qu'il faut rendre à ton nom pour qu'il soit immortel.

Cesse donc de donner le scandale à la terre
D'un époux de l'Église en commerce adultère
    Avec les factions
Viens te purifier à la sainte piscine,
Et, rougissant d'avoir aux sales potions
Que Degouve et Pagnerre ont dans leur officine,
    Pu mêler ton brillant venin.
Quand tu rencontreras *Timon*-DE-Cormenin,
Ou tes autres anciens confrères en délire,
Avec moi, — mieux que moi, — qu'on t'entende leur dire

« Du pauvre, et par malheur nous le savons assez,
« Ici comme partout la destinée est dure ;
« Mais quel est votre but, lorsque vous lui tracez,
« Des douleurs et des maux sur sa tête amassés
    « Une hyperbolique peinture ?

« Pourquoi ces vains discours gros de haine et d'injure,
« Corrosif infernal dont vous vous efforcez
    « D'irriter le mal qu'il endure ?
« Arrière, arrière donc, flatteurs intéressés
    « De ce prince aux habits percés !
« Si vous n'avez pour lui rien de meilleur, — laissez,
    « Laissez-le en paix dans sa masure.

« Car si c'est là le pain dont vous le nourrissez,
« Tout votre amour n'est rien que mensonge, imposture ;

« O médicastres insensés,
« Vers son lit de douleur, quand vous vous empressez,
« Vous ne portez que la torture ;
« C'est de l'huile et du miel qu'il faut à sa blessure,
« C'est du fiel que vous y versez ! »

UN HOMME-POTENCE.

30 octobre 1840.

LISTE ALPHABÉTIQUE,

DES OUVRAGES, ÉCRITS, ARTICLES ET JOURNAUX CITÉS

DANS LA PRÉCÉDENTE NOTICE.

NOMENCLATURE

DES TRADUCTEURS, APOLOGISTES, RÉFUTATEURS
ET BIOGRAPHES, ANONYMES, *SYNONYMES* ET PSEUDONYMES,
DE M. F. DE LA MENNAIS.

(Les chiffres romains renvoient aux ouvrages de M. de La Mennais, et les chiffres arabes à leurs critiques).

A.

A*** (l'abbé), 55.

Affre (l'abbé), depuis archevêque de Paris, 66.

Ancien grand-vicaire (un). Voy. *Clausel de Coussergues.*

Ancien professeur (un), 157.

Ancien professeur de philosophie (un). Voy. *Flottes.*

Andrée (le baron Eugène d'), 157.

Arbaud, évêque de Gap, 63, 160.

Archier (Ad.), 140.

Astros (Mgr. Paul-Thérèse-David), archevêque de Toulouse et de Narbonne, 31.

B.

B., professeur de philosophie au séminaire de N., 78.

Barbier (Hipp.), d'Orléaus, 203.

Bastide (Louis), de Marseille, 207.

Baston (l'abbé), 50.

Bataille (l'abbé), 3, 89.

Bautain (l'abbé), 106.

Belge (un), 177.

Bellugon (Jos.), prêtre, 2, 44.

Blanchemain (Prosper), 209.

Bœrne (Ludwig), XXVI.

Bonald (le vic. de), 73, 162.

Bonnin (J.-C.-B.), 101.

Bouchitté (L.-H.), ancien élève de l'École normale, 48.

Bouvier (Barthélemy), pasteur de l'Église de Genève, 93.

Boyer (l'abbé P.-Denis), directeur du séminaire Saint-Sulpice, 27, 29, 171.

Buchez, 34.

Busson (l'abbé Cl.-Ignace), prêtre, 82.

C.

Caillot (Napoléon), membre de l'Académie du Prytanée, 135.

Carloman, pseudon., 193.

Caron (l'abbé L.-H.), chanoine honoraire d'Amiens, 28.

---

(1) C'est ce même abbé Juin, connu aussi sous le nom de Juin-d'Allas, né à Champagne d'Allas (Charente-Inférieure), qui, après avoir désapprouvé hautement les doctrines des « Paroles d'un croyant », se mit plus tard dans le cas d'être interdit par l'autorité ecclésiastique, prit depuis « l'Apocalypse de Satan » pour son Évangile, devint effréné démagogue, et fut président du club de la Sorbonne sous le nom de Michelot. Les tribunaux l'ont condamné, en 1848, pour une ancienne banqueroute frauduleuse, à cinq ans de galères.

S.

Saint-Acre (L.), pseudon. Voy. *Mossé.*

Sainte - Beuve, de l'Académie-Française, 121, 196.

Saisset (Émile), 37, 38.

Salgues (J.-B.). Examen critique d'une traduction nouvelle de l'Imitation de J.-C., par M. l'abbé de La Mennais, ou M. de La Mennais, convaincu de plagiat. Paris, Dentu, 1824, in-8 de 12 pages. Anon.

Sand (G.), 132.

Sarrut et *Saint-Edme*, 199.

Satgé (le baron), 179.

Sens commun (le) de M. de La Mennais. V. *Jammes* (l'abbé).

Simon (Jules), professeur de philosophie, 35, 141.

Simonot, officier d'administration des hôpitaux militaires, 139.

Solitaire (un). Voy. *Barbier* (H.).

Stœber (Ehrenfried), XXVI.

Suremain de Missery, anc. officier au corps royal d'état-major, 84, 86.

T.

Tabaraud (le P.), oratorien, 1.

Tharin (Mgr.), anc. évêque de Strasbourg, 107.

Théologien catholique romain et bon français (un), 172.

Thorel (l'abbé), 13.

Tzschirner (H.-Th.), 12.

Turquety (Édouard), 208.

V.

Vidal (l'abbé O.), 104.

Viennet, de l'Académie-Française, 148.

Vigneron (Alfred), avocat, 143.

Vigoureux (Mlle Clarisse), 113.

Vincent (J.-L.-S.), l'un des pasteurs de l'église réformée de Nîmes, 43, 51.

Viollet (Alph.), 102.

W.

Wrindts (l'abbé), prêtre belge, 20, 65, 110.

Würtz (J.-W.), vicaire de S.-Dizier, à Lyon, 147.

TABLE GÉNÉRALE.

FIN DE LA NOTICE LA MENNAIS.